EL AYUNO

con diario para 21 días

Abra la puerta a una relación
más profunda, íntima
y poderosa con Dios

Jentezen Franklin

**CASA
CREACIÓN**

Para vivir la Palabra

Para vivir la Palabra

MANTÉNGANSE ALERTA;
PERMANEZCAN FIRMES EN LA FE;
SEAN VALIENTES Y FUERTES.
—1 CORINTIOS 16:13 (NVI)

El ayuno con diario para 21 días por Jentezen Franklin
Publicado por Casa Creación
Miami, Florida
www.casacreacion.com
©2012, 2021 Derechos reservados

Library of Congress Control Number: 2012945643
ISBN: 978-1-62136-132-9
E-book: 978-1-62136-136-7
Porciones de este libro fueron previamente publicadas como *El ayuno*, © 2008 por Casa Creación, ISBN: 978-1-59979-418-1

Desarrollo editorial: *Grupo Nivel Uno, Inc.*
Diseño interior: *Grupo Nivel Uno, Inc.*

Publicado originalmente en inglés bajo el título:
Fasting and *Fasting Journal*
por Charisma House, a Charisma Media Company, Lake Mary, FL 32746 USA
Copyright © 2008 Jentezen Franklin
All rights reserved.

Visite la página web del autor: www.jentezenfranklin.org

A menos que se indique lo contrario, los textos bíblicos han sido tomados de la Santa Biblia, Nueva Versión Internacional® nvi® ©1999 por Bíblica, Inc.© Usada con permiso.

Nota de la editorial: Aunque el autor hizo todo lo posible por proveer teléfonos y páginas de Internet correctas al momento de la publicación de este libro, ni la editorial ni el autor se responsabilizan por errores o cambios que puedan surgir luego de haberse publicado.

Impreso en Colombia

21 22 23 24 25 LBS 9 8 7 6 5 4 3 2 1

*Dedicado con afecto a mi
difunto padre, Billy D. Franklin,
mi fundamento, quien moldeó mi vida.*

*Este libro también está dedicado a
todos los miembros de nuestra familia Free Chapel
y Kingdom Connection, quienes fielmente
se unen a nosotros en nuestro Primer Ayuno
de Primicias cada año. Nos regocijamos
con ustedes en todo lo que Dios ha hecho y
hará, a medida que lo busquemos juntos.*

AGRADECIMIENTOS

Deseo expresar mi más profundo agradecimiento a mi esposa, Cherise, por su constante apoyo y aliento, y a mis queridos hijos, Courteney, Caressa, Caroline, Connar y Drake.

A Richie Hughes, por su infusión de energía para terminar este libro.

A Susan Page, por su incansable e incondicional ayuda.

A Tomi Kaiser, por su capacidad para entretejer juntamente historias de sermones y transcripciones para ayudar a crear este libro.

A mi madre, Katie Franklin Lancaster, por ser ejemplo para mí de un estilo de vida de ayuno.

A la congregación Free Chapel. Gracias por soñar junto conmigo.

A los compañeros y amigos de Kingdom Connection, por su apoyo y sus oraciones.

A todos los dedicados editores que forman parte del personal de mi ministerio. Su creatividad y atención al detalle son una bendición. Gracias por ayudarme a utilizar las página impresas, a fin de alcanzar más almas para el Reino de Dios.

ÍNDICE

SECCIÓN 1
La disciplina privada
que tiene recompensa pública

SECCIÓN 2
Abrir una puerta
a las promesas de Dios

SECCIÓN 3
Diario para 21 días de ayuno

Día

Sección 1

LA DISCIPLINA PRIVADA QUE TIENE RECOMPENSA PÚBLICA

Bienaventurados los que tienen hambre y sed
de justicia, porque ellos serán saciados.

—Mateo 5:6

¿CUÁL ES EL SECRETO?

L a pregunta normalmente proviene de alguien que tiene un genuino deseo de intimidad más profunda con el Señor y conocimiento de la perfecta voluntad de Dios. Para mí, el ayuno ha sido el secreto de obtener puertas abiertas, provisión milagrosa, favor y el tierno toque de Dios en mi vida. Yo estaba haciendo un ayuno de tres días cuando Dios me llamó a predicar. Estaba haciendo un ayuno de veintiún días cuando nuestro ministerio recibió su primera ofrenda de un millón de dólares. Cuando yo era evangelista, mi hermano y yo viajábamos juntos, y rotábamos las noches en que predicábamos. En mi noche libre, yo oraba todo el día por él; y en su noche libre, él ayunaba todo el día por mí. Pasamos de la oscuridad a tener puertas que se abrían en todo el mundo mediante el poder del ayuno. Cada tarea tiene un lugar de nacimiento. Cuando Dios ha puesto un sueño en el interior de usted que solamente Él puede hacer posible, usted necesita ayunar y orar. Bueno o malo, lo que haya en su interior saldrá solamente cuando usted ayune y ore.

Ahora que soy pastor, nuestra iglesia comienza cada año con un ayuno de veintiún días. Desde aquellos primeros años de ministerio hasta el día de hoy, el ayuno se ha convertido en un estilo de vida. Cuando siento que me estoy resecando espiritualmente, cuando no siento esa unción nueva o cuando necesito un encuentro fresco con Dios, el ayuno es la clave secreta que abre la puerta del cielo y cierra de un portazo las puertas del infierno.

La disciplina del ayuno libera la unción, el favor y la bendición de Dios en la vida del cristiano. A medida que lea este libro, le mostraré cómo todos los personajes importantes de la Biblia ayunaron; le enseñaré cómo ayunar. Lo más importante, a medida que lea este libro, desarrollará un hambre de ayunar. No sé de usted, pero hay algunas cosas que yo deseo más que el alimento. "Bienaventurados los que tienen hambre y sed de justicia, porque ellos serán saciados" (Mateo 5:6).

Debido a que está leyendo este libro, probablemente no se sienta contento con pasar este año del modo en que pasó el anterior. Usted sabe que hay más. Sabe que hay una tarea para su vida. Sabe que hay cosas que Dios desea liberar en su vida, y hay una genuina desesperación por esas cosas que se apoderan de su corazón. Fue para usted, y quienes son como usted, para quienes se escribió este libro. Ahora, quiero invitarlo a que se una a este maravilloso viaje.

Cuídense de no hacer sus obras de justicia delante de la gente para llamar la atención. Si actúan así, su Padre que está en el cielo no les dará ninguna recompensa.

Por eso, cuando des a los necesitados, no lo anuncies al son de trompeta, como lo hacen los hipócritas en las sinagogas y en las calles para que la gente les rinda homenaje. Les aseguro que ellos ya han recibido toda su recompensa. Más bien, cuando des a los necesitados, que no se entere tu mano izquierda de lo que hace la derecha, para que tu limosna sea en secreto. Así tu Padre, que ve lo que se hace en secreto, te recompensará.

Cuando oren, no sean como los hipócritas, porque a ellos les encanta orar de pie en las sinagogas y en las esquinas de las plazas para que la gente los vea. Les aseguro que ya han obtenido toda su recompensa. Pero tú, cuando te pongas a orar, entra en tu cuarto, cierra la puerta y ora a tu Padre, que está en lo secreto. Así tu Padre, que ve lo que se hace en secreto, te recompensará. Y al orar, no hablen sólo por hablar como hacen los gentiles, porque ellos se imaginan que serán escuchados por sus muchas palabras. No sean como ellos, porque su Padre sabe lo que ustedes necesitan antes de que se lo pidan. Ustedes deben orar así:

"Padre nuestro que estás en el cielo,
santificado sea tu nombre,
venga tu reino,
hágase tu voluntad
en la tierra como en el cielo.
Danos hoy nuestro pan cotidiano.
Perdónanos nuestras deudas,
como también nosotros hemos
perdonado a nuestros deudores.
Y no nos dejes caer en tentación,
sino líbranos del maligno."

Porque si perdonan a otros sus ofensas, también los perdonará a ustedes su Padre celestial. Pero si no perdonan a otros sus ofensas, tampoco su Padre les perdonará a ustedes las suyas.

Cuando ayunen, no pongan cara triste como hacen los hipócritas, que demudan sus rostros para mostrar que están ayunando. Les aseguro que éstos ya han obtenido toda su recompensa. Pero tú, cuando ayunes, perfúmate la cabeza y lávate la cara para que no sea evidente ante los demás que estás ayunando, sino sólo ante tu Padre, que está en lo secreto; y tu Padre, que ve lo que se hace en secreto, te recompensará.

—Mateo 6:1–18, NVI

Como el ciervo brama por las corrientes de las aguas,
Así clama por ti, oh Dios, el alma mía.
Mi alma tiene sed de Dios, del Dios vivo;
¿Cuándo vendré, y me presentaré delante de Dios?
Fueron mis lágrimas mi pan de día y de noche,
Mientras me dicen todos los días:
¿Dónde está tu Dios?

—Salmo 42:1–3

Capítulo 1

AYUNAR POR TU VICTORIA

¿Qué es el ayuno? Ya que hay tantos malentendidos sobre él, en primer lugar, quiero aclarar lo que no es el ayuno bíblico. El ayuno no es meramente pasarse sin alimentos durante un periodo de tiempo; tampoco es algo que hacen solamente los fanáticos. Realmente quiero hacer entender el punto. El ayuno no deben hacerlo solamente los monjes religiosos que están solos en una caverna en algún lugar. La práctica del ayuno no está limitada a ministros o a ocasiones especiales.

Expresado de modo sencillo, el ayuno bíblico es privarse de alimentos con un propósito espiritual. El ayuno siempre ha sido una parte normal de una relación con Dios. Tal como se expresa en el apasionado ruego de David en el Salmo 42, el ayuno lleva a la persona a una relación más profunda, más íntima y más poderosa con el Señor.

Cuando uno elimina los alimentos de su dieta durante cierto número de días, su espíritu queda desbloqueado de las cosas de este mundo y se vuelve increíblemente sensible a las cosas de Dios. Como afirmó David: "Un abismo llama a otro" (Salmo 42:7). David estaba en ayuno; su hambre y sed de Dios eran más grandes que su deseo natural de alimento. Como resultado, llegó a un lugar donde podía clamar desde las profundidades de su espíritu a las profundidades de Dios, aun en medio de su prueba. Una vez que haya experimentado aunque sea una vislumbre de ese tipo de intimidad con nuestro Dios —nuestro Padre, el santo Creador del universo— y las incontables recompensas y bendiciones que siguen, su perspectiva completa cambiará. Pronto, comprenderá que el ayuno es una fuente secreta de poder que muchos pasan por alto.

Cordón de tres dobleces no se rompe pronto.

—Eclesiastés 4:12

Durante los años en que Jesús caminó sobre esta tierra, Él dedicó tiempo a enseñar a sus discípulos los principios del Reino de Dios, principios que están en conflicto con los principios de este mundo. En las Bienaventuranzas, concretamente en Mateo 6, Jesús dio la pauta por la cual cada uno de nosotros debe vivir como un hijo de Dios. Esa pauta aborda tres obligaciones concretas del cristiano: dar, orar y ayunar. Jesús dijo: "*Cuando* des...", y "*Cuando* ores...", y "*Cuando* ayunes". Él dejó claro que ayunar, al igual que dar y orar, era una parte normal de la vida cristiana. Debería darse tanta atención al ayuno como se le da a dar y orar.

Salomón, al escribir los libros de sabiduría para Israel, estableció el punto de que un cordón, o cuerda, trenzada con tres hilos no se rompe con facilidad (Eclesiastés 4:12). De igual modo, cuando se practican conjuntamente la ofrenda, la oración y el ayuno en la vida de un creyente, eso crea un tipo de cordón de tres hilos que no se rompe con facilidad. De hecho, como le mostraré en un momento, Jesús lo llevó aún más lejos al decir: "Nada os será imposible" (Mateo 17:20).

¿Sería posible que estemos perdiendo nuestras más grandes victorias porque no ayunamos? ¿Recuerda el beneficio a treinta, setenta y ciento por uno del que Jesús habló (Marcos 4:8, 20)? Considérelo del siguiente modo: cuando usted ora, puede liberar ese beneficio a treinta por uno, pero cuando la oración y el dar son parte de su vida, yo creo que eso libera la bendición a setenta por uno. Pero cuando las tres cosas —dar, orar y ayunar— son parte de su vida, ¡puede liberarse ese beneficio a ciento por uno!

Si ese es el caso, tiene que preguntarse qué bendiciones no son liberadas. ¿Qué respuestas a la oración no se están produciendo? ¿Qué ataduras no se están rompiendo porque no ayunamos?

Mateo relata la historia de un padre que tenía un hijo que estaba poseído por el demonio. Durante años, él vio con impotencia a su hijo sufrir de graves convulsiones. A medida que crecía, los ataques se volvieron tan severos, que el muchacho con frecuencia se lanzaba al fuego o a una zanja de agua. Un espíritu de suicidio le atormentaba constantemente. La situación se volvió una amenazante para la vida.

> Las tres obligaciones de todo
> cristiano son dar, orar y ayunar.

Habiendo agotado todo intento de curar al muchacho—hasta llevarlo a los discípulos, pero sin éxito alguno—la grave situación del padre parecía imposible. Entonces, oyó que Jesús estaba cerca. Acercándose al Maestro, clamó: "Señor, ten misericordia de mi hijo, que es lunático, y padece muchísimo; porque muchas veces cae en el fuego, y muchas en el agua" (Mateo 17:15).

Cuando llevaron al muchacho ante Jesús, la Biblia dice: "Y reprendió Jesús al demonio, el cual salió del muchacho, y éste quedó sano desde aquella hora" (v. 18). Pero, ¿qué fue lo que efetuó el cambio? Después de todo, Mateo 10 registra que Jesús ya les había dado poder a los discípulos para expulsar espíritus malignos y sanar toda enfermedad. Por tanto, ¿por qué no pudieron los discípulos expulsar al demonio y curar al muchacho?

Eso es lo que ellos también querían saber, y por eso más tarde aquella noche, cuando estaban a solas con Jesús, le preguntaron. Jesús respondió: "Por vuestra poca fe; porque de cierto os digo, que si tuviereis fe como un grano de mostaza, diréis a este monte:

Pásate de aquí allá, y se pasará; y nada os será imposible. Pero este género no sale sino con oración y ayuno" (Mateo 17:20–21).

Ahora bien, yo he leído ese pasaje muchas veces, y hasta he enseñado sobre él en alguna ocasión, pero cada vez me he centrado en la afirmación: "y nada os será imposible". Creo que muchas personas se detienen en ese punto, pero Jesús no lo hizo, porque sabía que había más: mucho más.

> Cuando usted sigue con fidelidad
> las tres obligaciones de un cristiano,
> Dios lo recompensa en público.

Ya ve, esa palabrita *pero* es la conexión: es la llave que abre el poder en la afirmación "nada os será imposible". Jesús les dijo a los discípulos que ellos necesitaban fe, incluso tan pequeña como una diminuta semilla. Pero eso no fue todo. Después de este incidente, el Espíritu Santo condujo a Jesús al desierto, donde pasó cuarenta días y cuarenta noches sin comer. "Pero este género no sale sino con oración y ayuno". Para Jesús, expulsar a ese testarudo demonio no fue imposible.

Si Jesús pudiera haber logrado sin ayunar todo lo que vino a hacer, ¿por qué entonces iría a ayunar? El Hijo de Dios ayunaba porque Él sabía que había cosas sobrenaturales que solamente podían ser liberadas de ese modo. ¿Cuánto más debería ser el ayuno una práctica común en nuestra vida?

EL AYUNO ES PARA TODOS

Quizá esté usted pensando: "Sigo sin saber cómo el ayuno puede realmente ser para mí". Según las palabras de Jesús, es obligación de todo discípulo y todo creyente ayunar. Cuando se dirigió a los fariseos para contestar en cuanto a por qué sus discípulos no ayunaban, Jesús respondió:

"¿Podéis acaso hacer que los que están de bodas ayunen, entre tanto que el esposo está con ellos? Mas vendrán días cuando el esposo les será quitado; entonces, en aquellos días ayunarán".

—Lucas 5:34–35

Entonces ayunarán. Jesús no esperaba que sus discípulos hicieran algo que Él no hubiera hecho también. Jesús ayunaba, y según palabras de Pedro, Jesús es nuestro ejemplo en todas las cosas (1 Pedro 2:21).

El discípulo no es superior a su maestro; mas todo el que fuere perfeccionado, será como su maestro.

—Lucas 6:40

Hay otro punto vital que quiero que usted vea en Mateo 6: Dios se deleita en dar recompensas. No sólo eso, sino que Él dice que cuando en su vida practique dar, orar y ayunar, Él le recompensará en público.

Un buen ejemplo de tal recompensa pública puede encontrarse en Daniel. Mientras estaba cautivo en Babilonia, su ayuno —hasta el ayuno parcial de ciertos alimentos— produjo la abierta recompensa de Dios, quien bendijo a Daniel con sabiduría por encima de cualquier otra persona en aquel imperio.

Más adelante, en el capítulo 10, Daniel estaba triste y cargado por la revelación que había recibido para Israel. Durante tres semanas, no comió panes ni carnes escogidas ni bebió vino. Luego, él describe al ángel que le fue enviado —el cual había sido *retrasado* por el príncipe de Persia durante veintiún días— y que traía las respuestas que Daniel buscaba. Su ayuno rompió el poder del que retrasaba y liberó a los ángeles de

Dios a fin de que los propósitos de Dios pudieran ser revelados y cumplidos.

Esta es sólo la punta del iceberg. A medida que siga leyendo, le mostraré cómo funciona este cordón de tres hilos en cada área de su vida. ¿Desea conocer la voluntad de Dios para su vida? ¿Con quién debería casarse o qué debería hacer en una situación crítica? Le mostraré cómo el ayuno le lleva a un lugar en el que es capaz de oír con claridad la voluntad de Dios.

El ayuno también hace que Dios se dirija a sus hijos. Se sorprendería por los testimonios que hemos oído sobre el ayuno. Además, da salud y sanidad a su cuerpo, al igual que prosperidad económica y las bendiciones de Dios.

Si es su deseo estar más cerca de Dios, o tiene una gran necesidad de grandes victorias en su vida, recuerde que nada será imposible para usted. ¡El ayuno es verdaderamente una fuente secreta de poder!

Jesús, lleno del Espíritu Santo, volvió del Jordán, y fue llevado por el Espíritu al desierto por cuarenta días, y era tentado por el diablo. Y no comió nada en aquellos días, pasados los cuales, tuvo hambre.

—Lucas 4:1–2

DESTRONAR AL REY ESTÓMAGO

S i es usted como otras personas que me han oído hablar sobre sólo una parte de lo que cubrimos en el primer capítulo, a estas alturas estará comenzando a comprender lo crucial que es la práctica del ayuno en la vida de cada creyente. Pero como parte de ese cordón de tres hilos de las obligaciones cristianas normales, ¿por qué se pasa por alto con tanta frecuencia? Creo que la razón principal es una que ha plagado a la humanidad desde el principio de la creación. Como ve, ayunar significa crucificar aquello a lo que me refiero como el "rey Estómago". Y en caso de que no sepa quién es el rey Estómago, simplemente aparte un poco este libro, mire hacia abajo y preséntese. Probablemente, ya le haya oído rugir en desacuerdo una o dos veces desde que comenzó a leer este libro.

Cada año, toda nuestra congregación en Free Chapel participa en un ayuno de veintiún días. Sin fallar, las personas comparten conmigo que tienen ganas de comerse todo lo que vieron esa última semana antes de comenzar el ayuno. Pero eso está bien. Una vez que toma usted la decisión de ayunar, aunque sea sólo por un día, Dios ve el deseo de su corazón. Él le dará la gracia de aguantar y ver las victorias que usted necesita que se produzcan. Sin embargo, tendrá usted que escoger destronar a "ese dictador interior".

Se ha dicho que el camino hacia el corazón del hombre es por medio de su estómago. La mayoría de las mujeres han llegado a saberlo, ¡pero necesitamos comprender que el diablo también lo sabe! Algunas personas —concretamente cristianas— ¡podrían ser la situación geográfica del "abismo sin fondo"! Considere por un momento lo que le ha sucedido a la raza humana mientras ha estado bajo el gobierno del rey Estómago.

> **Tendrá usted que escoger destronar
> a "ese dictador interior".**

Podemos comenzar en el principio, al regresar hasta el huerto del Edén. La Biblia registra:

> Y Jehová Dios plantó un huerto en Edén, al oriente; y puso allí al hombre que había formado. Y Jehová Dios hizo nacer de la tierra todo árbol delicioso a la vista, y bueno para comer; también el árbol de vida en medio del huerto, y el árbol de la ciencia del bien y del mal… Y mandó Jehová Dios al hombre, diciendo: De todo árbol del huerto podrás comer; mas del árbol de la ciencia del bien y del mal no comerás; porque el día que de él comieres, ciertamente morirás.
>
> —Génesis 2:8–9; 16–17

Parece bastante claro, ¿no es cierto? Pero la serpiente era astuta y convenció a Eva de que ella debería comer del árbol prohibido, y le aseguró que no moriría. "Y vio la mujer que el árbol era bueno para comer…y tomó de su fruto, y comió; y dio también a su marido, el cual comió así como ella" (Génesis 3:6).

Y con esa sola comida, Adán y Eva, de inmediato, pasaron de disfrutar pacíficamente de la presencia de Dios en el frescor del huerto a ocultarse con temor de su presencia entre los árboles del huerto. Ellos literalmente salieron comiendo de la casa y el hogar. Salieron comiendo de la voluntad de Dios para su vida. Salieron comiendo de la provisión de Dios, su plan para la vida de ellos y de su magnífica presencia. Pero sus estómagos quedaron temporalmente satisfechos, y nosotros aún sufrimos las consecuencias de sus apetitos en la actualidad.

EL REINADO DEL REY ESTÓMAGO

Al hablar de los pecados de Sodoma y Gomorra, la gente normalmente se enfoca en la desenfrenada homosexualidad que había en aquellas ciudades, pero eso no es todo lo que la Biblia enseña. El Señor le dijo a Israel por medio del profeta Ezequiel: "He aquí que esta fue la maldad de Sodoma tu hermana: soberbia, saciedad de pan, y abundancia de ociosidad tuvieron ella y sus hijas; y no fortaleció la mano del afligido y del menesteroso. Y se llenaron de soberbia, e hicieron abominación delante de mí, y cuando lo vi las quité" (Ezequiel 16:49–50).

Lo primero que puede que observe es que no daban (afligidos y necesitados) y no oraban (soberbia y ociosidad). Pero es interesante observar que los habitantes de aquellas ciudades no sólo eran culpables de homosexualidad, según el relato en Génesis, sino que también, como vemos aquí, eran culpables de glotonería (saciedad de pan). Junto con sus otros pecados, su excesiva lealtad al rey Estómago ¡los llevó directamente a la condenación!

Otro brillante ejemplo de alguien en quien el rey Estómago estaba elevado y enaltecido es Esaú, el hijo de Isaac y Rebeca. Como era la costumbre, a Esaú se le otorgó la primogenitura especial del primer hijo varón. Esa primogenitura llevaba con ella la especial bendición de su padre y ciertos privilegios. Automáticamente, aseguraba que Esaú recibiría una doble porción de todos los bienes de su padre. Era una bendición de Dios y no debía tomarse a la ligera.

Esaú era cazador. Su padre se deleitaba en él, debido a la abundancia de carne que él llevaba a la mesa. Sin embargo, cuando Esaú regresó de los campos un día, quizá sin haber tenido éxito en la caza, sencillamente tuvo hambre. Su hermano, Jacob, estaba a punto de comerse un sencillo guiso de lentejas y pan, y por eso Esaú, insistiendo en que él estaba hambriento, suplicó a Jacob que le diera la misma comida. Cuando impulsivamente estuvo de acuerdo en cambiar su primogenitura por ese plato, "Entonces Jacob dio a Esaú pan y del guisado de las lentejas; y él comió y bebió, y se levantó y se fue. Así menospreció Esaú la primogenitura" (Génesis 25:34).

> Ellos salieron comiendo de la
> voluntad de Dios para su vida.

Esaú vendió su codiciada primogenitura debido a su lealtad al rey Estómago. Dios tenía un plan, un destino, una voluntad para la vida de Esaú, pero su codicia por la comida y la gratificación instantánea era más importante. El escritor de Hebreos utilizó términos fuertes para advertir contra llegar a ser como Esaú: "Mirad bien, no sea que alguno deje de alcanzar la gracia de Dios…No sea que haya algún fornicario, o profano, como Esaú, que por una sola comida vendió su primogenitura. Porque ya sabéis que aun después, deseando heredar la bendición, fue desechado, y no hubo oportunidad para el arrepentimiento, aunque la procuró con lágrimas" (Hebreos 12:15–17).

Cuando Dios liberó a los israelitas después de cuatrocientos años de opresiva esclavitud en Egipto, millones de israelitas y una "multitud mezclada" de otras personas fueron milagrosamente conducidos a través del mar Rojo en su camino a la Tierra Prometida. Dios suplió cada una de sus necesidades en el viaje, y hasta los alimentó con pan del cielo diariamente. Ese maná proporcionaba una dieta tan perfectamente equilibrada, que no hubo ninguna persona enferma ni débil entre ellos por cuarenta años, sin ningún médico, farmacia ni hospitales. Llenaba sus estómagos y mantenía sus cuerpos sanos y fuertes. Sin embargo, "la gente extranjera que se mezcló con ellos tuvo un vivo deseo, y los hijos de Israel también volvieron a llorar y dijeron: ¡Quién nos diera a comer carne! Nos acordamos del pescado que comíamos en Egipto de balde, de los pepinos, los melones, los puerros, las cebollas y los ajos; y ahora nuestra alma se seca; pues nada sino este maná ven nuestros ojos" (Números 11:4–7). Dios oyó sus murmuraciones y quejas. Como cualquier mamá podrá atestiguar, sencillamente no es buena idea hacer que el cocinero se enfurezca con uno. Dios dijo: "Jehová, pues, os dará carne, y comeréis. No comeréis un día, ni dos días, ni cinco días, ni diez días, ni veinte días, sino hasta un mes entero, hasta que os salga por las narices, y la aborrezcáis, por cuanto menospreciasteis a Jehová" (vv. 18–20). Y Él les envió codornices en tan gran abundancia que ellos recogieron montones. Y comieron y comieron, y mientras la carne estaba aún en sus bocas, miles de ellos murieron y fueron enterrados allí. Y según el versículo 34, ese lugar llegó a ser conocido como Kibrot-hataava, que significa "los sepulcros de los codiciosos", como memorial a todos aquellos que comieron y no entraron en la Tierra Prometida.

El comentarista Matthew Henry escribió: "Quienes están bajo el poder de una mente carnal, tendrán su codicia satisfecha, aunque a expensas de cierto daño y ruina de sus preciosas almas".[1] Quiero que usted entienda que hay algunas "tierras prometidas" y algunas "promesas" que Dios tiene para usted. De hecho, tenemos un libro entero de promesas, pero algunas de ellas nunca serán cumplidas mientras el rey Estómago gobierne su apetito y controle su vida. Dios tenía bendiciones sobrenaturales para derramar sobre los israelitas en el desierto, pero ellos prefirieron sus apetitos carnales. De igual manera, Dios quiere derramar bendiciones sobrenaturales en nuestra vida, pero nunca llegarán si no estamos dispuestos a buscarlo a Él en ayuno y oración.

En nuestra ajetreada vida, siempre hay una fiesta, un cumpleaños, un almuerzo de empresa o algo que crea un bache en la carretera, así que nos convencemos nosotros mismos para no comenzar un ayuno. Mi consejo para usted, basado en la experiencia personal, es sencillamente lanzarse y hacerlo, ¡y todo lo demás se acomodará! Si usted nunca antes ha ayunado, sencillamente hágalo durante un día y verá lo que quiero decir.

> Dios sabe que nunca hay un tiempo
> conveniente para ayunar.

La razón de que nosotros ayunemos corporativamente en Free Chapel al comienzo de cada año, está basada en principios que han sido adaptados del libro del Dr. Bob Rogers, *101 Reasons to Fast* [101 razones para ayunar]. Hay tres razones por las cuales comenzar el año con un ayuno es una buena práctica. En primer lugar, al hacerlo, usted establece el curso para el resto del año. Al igual que comenzar el día con oración establece el curso para el resto del día y cubre cualquier cosa que pueda suceder, lo mismo es cierto de comenzar el año con un ayuno. Usted establece el curso para el año entero a través de lo que hace con esos primeros días de cada nuevo año. Puede llevar eso aún más lejos y darle a Dios la primera parte de cada día, el primer día de cada semana, la primera porción de cada billete, y la primera consideración en cada decisión.

En segundo lugar, "se producirán bendiciones para usted y su familia durante el año porque usted ayunó en enero". Aun en abril, junio o agosto, aun en noviembre, cuando tenga en mente la comida del Día de Acción de Gracias, las bendiciones seguirán abriéndose camino hacia usted, debido a su sacrificio al Señor al comienzo del año. De hecho, fue aproximadamente en Acción de Gracias cuando yo recibí la llamada para que fuese al banco.

Cuando llegué, un hombre y su esposa me recibieron y dijeron: "Hay un millón de dólares para el programa de construcción". Yo me había olvidado del ayuno que habíamos hecho diez meses antes, pero Dios no lo había olvidado. Él no sólo envió a alguien a nosotros con un donativo de un millón de dólares, sino también a otra persona con un donativo de 500,000 dólares, otra con 250,000 dólares, otra con 50,000 dólares, y millones que se acumularon por medio de donativos regulares, todo en aquel mismo año.

Este tercer punto es muy poderoso. Cuando usted ayuna al comienzo del año y ora, libera el principio que se encuentra en Mateo 6:33: "Mas buscad *primeramente* el reino de Dios y su justicia, y todas estas cosas os serán añadidas" (énfasis añadido). Si usted lo busca a Él primeramente en el año, ¡prepárese para que todas esas "cosas" sean añadidas a su vida por el resto del año!

Del mandamiento de sus labios nunca me separé; guardé las palabras de su boca más que mi comida.

—Job 23:12

¿CUÁNTO? ¿CUÁNTO TIEMPO? ¿CUÁN SALUDABLE?

En el capítulo anterior, describí la caída de algunos que no destronaron al rey Estómago. Pero la Palabra de Dios está llena de maravillosos testimonios de aquellos que tuvieron éxito. Fue durante un ayuno de cuarenta días cuando Moisés recibió los Diez Mandamientos (Éxodo 34:27–28). Cuando Amán ordenó la aniquilación y el saqueo de todos los judíos, Ester llamó a todos los judíos de su ciudad a unirse a ella en un ayuno de tres días sin comer nada ni beber agua. Como resultado, los judíos fueron salvados, el vil plan de Amán quedó al descubierto, ¡y él fue colgado precisamente en la horca que él mismo había construido! (ver Ester 4–7). Ana, muy afligida por no poder tener un hijo, "lloró y no comió", tal como se registra en 1 Samuel 1:7. Dios oyó su clamor, y nació el profeta Samuel. Judá, Esdras, el pueblo de Nínive, Nehemías, David y Ana están también entre aquellos cuyos ayunos se destacan en la Palabra.

TIPOS DE AYUNO

La Biblia registra muchas diferentes circunstancias, tipos y duraciones de ayunos. Además de los que acabo de mencionar, Josué ayunó por cuarenta días, y Daniel ayunó parcialmente por veintiún días. Se registra que el apóstol Pablo ayunó al menos dos veces: un ayuno de tres días y otro de catorce días. Pedro ayunó tres días, y, desde luego, sabemos que Jesús ayunó cuarenta días en el desierto.

Los tres tipos de ayuno que se encuentran en la Escritura son: ayuno absoluto, ayuno normal y ayuno parcial. En primer lugar, un ayuno absoluto es extremo, y solamente debería hacerse durante cortos periodos de tiempo. En un ayuno absoluto, no se ingiere nada: ni alimentos ni agua. Dependiendo de su salud, este ayuno debería hacerse solamente con consulta y supervisión médica.

En un ayuno normal, uno típicamente se abstiene de alimentos de cualquier tipo durante cierto número de días. Sí se bebe agua, ¡y mucha! Dependiendo de la duración del ayuno normal, usted también puede escoger tomar sopas claras y jugos a fin de mantener sus fuerzas.

Y luego está el ayuno parcial. El ayuno parcial puede interpretarse de muchas maneras. La manera en que no puede interpretarse es incluirlo entre aproximadamente las once de la noche y las seis de la mañana, ¡cuando usted está durmiendo! Un ayuno parcial normalmente implica pasarse sin alimentos y bebidas concretas durante un largo periodo de tiempo.

El ejemplo más comúnmente utilizado de un ayuno parcial se encuentra en el libro de Daniel. Al comienzo de su cautividad en Babilonia, Daniel y sus tres compañeros se negaron a comer las carnes escogidas y los dulces de la mesa del rey, y pidieron en cambio comer solamente verduras y agua. Lo hicieron durante diez días para demostrar que estarían igual de sanos que los hombres del rey. Más adelante, en el capítulo 10, afligido por la grave situación de Israel, Daniel comenzó otro ayuno parcial, sin comer dulces, carne ni vino por tres semanas, tiempo durante el cual él estuvo centrado en la oración. Al final, su oración fue contestada por un ángel.

La duración de los ayunos puede variar. Hay números significativos que encontramos en la Biblia, entre los que se incluyen: tres días, siete días, veintiún días y cuarenta días. Pero también hay referencias a ayunos de medio día y ayunos de veinticuatro horas.

No hay una fórmula que yo pueda darle para ayudarle a determinar qué tipo o duración de ayuno es correcto para usted. La duración de tiempo que usted escoja para ayunar debería depender de sus circunstancias, pero no se quede enredado en los detalles. Comience con un día, desde el amanecer hasta el atardecer. Se sorprenderá por la diferencia que marcará aunque sea un ayuno parcial de un día o un ayuno normal en su vida.

Cuando yo era adolescente, yo ayunaba todo el día del domingo hasta después del servicio en la iglesia. Eso me hizo mucho más sensible al Señor. Estaba tan espiritualmente sintonizado en eso, que no importaba si alguna otra persona obtenía una bendición ese día o no, ¡yo ciertamente la obtenía!

No intente hacer más de lo que pueda manejar. No hay necesidad de ser un héroe e intentar hacer un ayuno de cuarenta días si usted nunca ha ayunado un día en su vida. Sencillamente comience. Una vez que descubra los beneficios, estará de camino para hacer de ello una práctica de por vida.

> Si no significa nada para usted,
> no significará nada para Dios.

Hay momentos en que el Señor puede indicarle que haga un ayuno más prolongado, pero para la mayoría de las personas un ayuno de tres días es muy práctico. Un "ayuno de Daniel", eliminando la carne, el pan y los dulces durante veintiún días, es un ayuno que casi todo el mundo puede manejar también. Algunos pueden pensar que eliminar solamente esos tres alimentos de su dieta durante tres días no es gran cosa, pero si significa algo para usted, significará algo para Dios. Después de todo, ¿cuándo fue la última vez que fueron enviados ángeles para hablarle a usted misterios, como el arcángel Miguel le habló a Daniel?

En ayunos más prolongados, yo bebo agua, jugos y hasta sopa cuando siento que necesito un poco de fuerzas extras. El restaurante local Chick-fil-A ha llegado a acostumbrarse tanto a nuestro ayuno anual en Free Chapel, que ahora de buena gana cuelan su sopa de pollo ¡para que nosotros podamos comprar sólo una taza de caldo!

CONSEJOS PRÁCTICOS

Quiero darle unos cuantos consejos sobre el ayuno que creo que le resultarán útiles. Siempre que comience un ayuno, recuerde: si no significa nada para usted, no significará nada para Dios. Sin estar combinado con oración y la Palabra, el ayuno es poco más que hacer dieta. Pero quiero que comprenda usted algo muy importante: el ayuno mismo es una oración continua delante de Dios. Puede que haya días en que el cielo se abra y su corazón se vea impulsado a profundos tiempos de oración, pero puede que haya otros días en que no tenga energía y simplemente no pueda enfocarse en la oración en absoluto. No se condene. Dios ve su sacrificio. Cuando está usted ayunando, no es momento para sentarse delante del televisor. ¿Por qué querría torturarse al ver todos esos anuncios de alimentos?

Puedo decirle por experiencia propia: ¡sencillamente no es una buena idea! Mi rutina normal es ver las noticias antes de irme a la cama. Durante la segunda semana de mi primer ayuno de veintiún días, Pizza Hut presentó su nueva pizza pan. Sin excepción, cada noche durante las noticias, alrededor de las 11:17 de la noche, esas humeantes imágenes de queso fundido, una gruesa masa, abundante salsa de tomate y varios ingredientes ocupaban el centro de la pantalla. Cortaban un pedazo de pizza y de esa profunda masa se desbordaba el queso. ¡Yo sabía dónde iría al final de aquel ayuno! En realidad, ¡esperaba esos anuncios! Una noche, soñé que yo estaba a punto de comerme uno de esos pedazos de pan pizza. Ese sueño fue tan real, que recuerdo oír gritar a mi conciencia: "¡Esto no está bien! No lo hagas… ¡Sólo te queda una semana más!'". Pero me lo metí en la boca y mastiqué y mastiqué. ¡Estaba buenísima! Me desperté unos minutos después, ¡bastante sorprendido al ver que tenía metida en mi boca casi la mitad de la funda de mi almohada!

> ### ¡El ayuno es como una limpieza general para su cuerpo!

Cuando comience ayunos más prolongados, no es una buena idea atiborrarse de comida los días anteriores. En realidad, usted debería comenzar a disminuir su ingesta de alimentos como preparación para el ayuno. A pesar de la duración de su ayuno, cuando comience, debería tratar de beber al menos tres litros de agua purificada a lo largo del primer día. No recomiendo el agua del grifo, debido a las impurezas que puede contener. El agua purificada o destilada elimina las toxinas y el veneno de su sistema corporal, lo cual le ayudará a tener un buen comienzo. ¡También le hace sentirse lleno! El agua es el mejor amigo de quien ayuna, así que continúe bebiendo mucha agua a lo largo del ayuno.

Cuando yo hago un ayuno, con frecuencia, siento dolor de cabeza uno o dos días. Muchas personas me han dicho que el diablo les causó dolor de cabeza, pero lo más probable sea que simplemente su cuerpo se está librando de las toxinas que se han acumulado durante un periodo de tiempo. Ya ve, ¡el ayuno es como una limpieza general para su cuerpo! Le da un descanso a todo su sistema digestivo, y médicamente hablando, eso es muy saludable. Si experimenta dolor de cabeza cuando ayuna, es una señal de que necesitaba usted ayunar. Los dolores de cabeza son el resultado de las impurezas y los venenos que el cuerpo está quemando para obtener energía. Después de tres días, los dolores de cabeza normalmente desaparecen.

Siempre que ayune durante al menos tres días, su sistema digestivo se cierra. Seré sincero con usted: eso no siempre es agradable. Algunas personas se sienten lentas, tienen dolores de cabeza y no pueden dormir, y, seamos sinceros, ¡tendrá hambre! Pero quiero asegurarle que una vez que pase esos primeros días, si sigue bebiendo mucha agua y jugos, esas toxinas que envenenan su cuerpo serán eliminadas, y descubrirá lo que solamente puede describirse como un dulce lugar en el ayuno.

Siempre que he realizado un ayuno prolongado, durante los primeros días, a medida que mi cuerpo se vaciaba de toxinas, no he visto ángeles ni he oído violines. De hecho, no tenía muchos deseos de centrarme en la oración y la Palabra. Pero sin excepción, las cosas enseguida se aclaran, y usted encuentra un lugar más profundo en Dios donde el resto sencillamente no importa. Salomón dijo:

"¿Qué es lo que fue? Lo mismo que será. ¿Qué es lo que ha sido hecho? Lo mismo que se hará; y nada hay nuevo debajo del sol"

—Eclesiastés 1:9

Aunque hombres y mujeres de Dios han ayunado desde tiempos antiguos, hoy día tenemos muchos libros nuevos sobre los estantes que pregonan los sanos beneficios físicos de la práctica del ayuno. Aun el médico griego Hipócrates (aproximadamente 460–377 a. C.), conocido como "el padre de la medicina moderna", y cuyos conceptos han influenciado el desarrollo de las prácticas médicas durante siglos, creía que el ayuno era muy saludable para el cuerpo.

En su libro *101 Reasons to Fast* [101 razones para ayunar], el pastor Bob Rodgers cita muchas afirmaciones de Hipócrates y otros que descubrieron los muchos beneficios médicos que el ayuno puede tener sobre el cuerpo. El ayuno limpia su cuerpo. Cuando comience un ayuno, notará que se forma cierto tipo de capa en su lengua durante unos días. Es una señal de que el ayuno está ayudando a su cuerpo a eliminar toxinas. Las pruebas han demostrado que el estadounidense promedio consume y asimila casi dos kilos de conservantes, colorantes, estabilizantes, sabores químicos y otros aditivos cada año. Esas sustancias se almacenan en nuestro cuerpo y causan enfermedades. Son necesarios los ayunos periódicos para eliminar los venenos. El ayuno le da a su cuerpo tiempo para sanarse a sí mismo. Libera nerviosismo y tensión y le da un respiro a su sistema digestivo. El ayuno disminuye su presión sanguínea y puede disminuir su colesterol.[1]

El Dr. Don Colbert ha investigado y estudiado la necesidad del cuerpo de liberarse de toxinas que causan enfermedades, fatiga y muchos otros males. Debido a que no es mi intención cubrir cada aspecto y beneficio médico del ayuno en este libro, le recomendaría su libro *Libérese de las toxinas* para encontrar pautas médicas concretas para el ayuno. Su capítulo titulado *Finding Healing Through Fasting* [Encontrar sanidad mediante el ayuno] es una excelente fuente de información y de precauciones. Él dice: "El ayuno no sólo previene la enfermedad. Si se hace correctamente, el ayuno tiene increíbles beneficios sanadores para aquellos de nosotros que sufrimos enfermedades. Desde resfriados y gripe hasta enfermedades cardiacas, el ayuno es una potente clave para sanar el cuerpo".[2]

El doctor Oda H. F. Birchinger, quien supervisó más de setenta mil ayunos, afirmó: "El ayuno es una calzada real hacia la sanidad, para cualquiera que esté de acuerdo en tomarlo, para la recuperación y la regeneración del cuerpo, la mente y el espíritu". Siguió diciendo: "El ayuno puede sanar y ayudar al reumatismo en articulaciones y músculos, enfermedades del corazón, la circulación, los vasos sanguíneos, el agotamiento relacionado con el estrés, las enfermedades cutáneas —incluyendo espinillas y problemas del cutis— los ciclos menstruales irregulares y sofocos, las enfermedades de órganos del sistema respiratorio, las alergias como la fiebre del heno y otras enfermedades oculares".[3]

Para probar los resultados del ayuno en el cuerpo humano, el Dr. Tanner, otro médico, decidió a los cincuenta años de edad ayunar cuarenta y tres días sin tomar alimentos. Lo hizo bajo una estricta supervisión médica. A la conclusión del ayuno, él estaba mucho más sano. A los setenta años de edad, ayunó durante cincuenta días, y en medio de su ayuno, dijo que vio las incalificables glorias de Dios. A la edad de setenta y siete años, el Dr. Tanner ayunó cincuenta y tres días, y entre otras cosas que sucedieron, su cabello, una vez fino y gris, ¡fue sustituido por nuevo cabello negro! Era del mismo color que tenía cuando era un hombre joven. Lo que es más, el Dr. Tanner vivió hasta los noventa y tres años de edad.[4]

El ayuno ralentiza su proceso de envejecimiento. Moisés ayunaba con frecuencia, incluyendo dos ayunos de cuarenta días, y la Biblia dice en Deuteronomio 34:7:

> "Era Moisés de edad de ciento veinte años cuando murió; sus ojos nunca se oscurecieron, ni perdió su vigor".

El Dr. Tanner dejó varios consejos de sus propias experiencias, y afirmó: "Cuando ayune, beba mucha agua".[5] El agua es el estupendo agente de eliminación en el ayuno. Una de las señales de que esas toxinas y venenos son eliminados puede verse por la concentración de toxinas que hay en nuestra orina. Esas toxinas pueden ser diez veces más elevadas de lo normal cuando está usted ayunando. La orina se vuelve más oscura porque los venenos y toxinas que causan enfermedades y que están en su cuerpo, debido a las terribles dietas, comienzan a ser eliminadas.

Además, queda demostrado que el ayuno agudiza su proceso mental y ayuda su visión, oído, gusto, tacto, olfato y todas las facultades sensoriales. El ayuno rompe la adicción a la comida chatarra. El ayuno puede romper el poder de un apetito incontrolable. Algunas personas están atadas por la nicotina, el alcohol y las drogas, pero el ayuno puede ayudar a romper esas adicciones.[6]

Cada año, insto a todos los miembros de Free Chapel a que se unan a nosotros en nuestro ayuno de veintiún días. Si en veintiún días puede usted ser una nueva persona, ¿por qué pasar el resto de su vida sintiéndose enfermo, débil, con sobrepeso y agotado? ¿Por qué no dar un paso de fe radical? Sólo tenemos una vida que entregarle a Dios. ¡Obtengamos el control de nuestro cuerpo y sirvamos a Dios con lo mejor que tenemos!

Mis ovejas oyen mi voz, y yo las conozco, y me siguen, y yo les doy vida eterna; y no perecerán jamás, ni nadie las arrebatará de mi mano.

—Juan 10:27–28

Capítulo 4

TODA MISIÓN TIENE UN LUGAR DE ORIGEN

Me encanta la afirmación que Jesús hizo en Juan 10:27: "Mis ovejas *oyen* mi voz" (énfasis añadido). Es así como Él nos creó. Él nos habla y nosotros somos capaces de oírle hablar. ¿Quiere usted oír la voz del Creador? ¿Quiere conocer a Jesús más profundamente? ¿Quiere saber cuál es la dirección que Él desea que usted tome en la vida? Yo sí lo quiero. Conforme estaba por terminar este libro, comencé mi séptimo ayuno completo de veintiún días desde que entré en el ministerio. Comencé mi primer ayuno cuando tenía sólo diecisiete años de edad. Mis padres fueron siempre ejemplos de ser devotos cuando yo crecía; así que a esa joven edad, yo era consciente de que el ayuno era una parte de ser un verdadero seguidor de Cristo.

Si está usted leyendo este libro y es padre o madre, quiero que sepa que hasta los niños pueden comenzar a entender estos conceptos, y es importante que los aprendan a temprana edad.

Anteriormente a ese primer ayuno de veintiún días a la edad de diecisiete años, yo había hecho otros más breves. De hecho, fue durante un ayuno de tres días cuando Dios me reveló cuál era la misión que me encomendaba. Yo estaba orando y buscando su voluntad, y fue entonces cuando Él me llamó a predicar.

Cada tarea, cada llamado de Dios, cada dirección que viene de Él, se origina en algún lugar. Dios tiene misiones concretas para su vida, pero, ¿cómo las descubre usted? ¿Cómo oirá la voz de Él? ¿Cómo sabrá cual es su voluntad para su vida, los planes que tiene para usted? ¿Con quién debería casarse? ¿Qué trabajo debería aceptar? ¿Dónde debería vivir? ¿Qué campo misionero lo está llamando?

> **El ayuno lo mantiene sensible a su Espíritu y lo capacita para vivir de manera santa.**

La respuesta puede encontrarse en el llamado que Pablo hizo a los romanos:

"Así que, hermanos, os ruego por las misericordias de Dios, que presentéis vuestros cuerpos en sacrificio vivo, santo, agradable a Dios, que es vuestro culto racional".

—Romanos 12:1

¿Recuerda las tres obligaciones de las que hablé en el primer capítulo? Dar, orar y *ayunar*. Así es como "presenta" su cuerpo a Dios como un sacrificio "vivo". El ayuno lo mantiene sensible a su Espíritu, y lo capacita para vivir de manera santa. Pablo siguió diciendo: "No os conforméis a este siglo, sino transformaos por medio de la renovación de vuestro entendimiento, *para que comprobéis cuál sea la buena voluntad de Dios, agradable y perfecta*" (v. 2, énfasis añadido).

Estoy convencido de que nunca caminaremos en la perfecta voluntad de Dios hasta que lo busquemos mediante el ayuno. Cuando usted presenta su cuerpo de esta manera, se abre para oír de Dios. Probará o descubrirá la buena y perfecta voluntad de Él para su vida. Pablo estaba ayunando cuando Dios lo llamó y le compartió cuál era la misión que tenía para su vida (Hechos 9:7–9). Pedro estaba ayunando en el terrado cuando Dios le dio una nueva revelación y lo llamó a llevar el evangelio a los gentiles

(Hechos 10). El ayuno prepara el camino para que Dios le dé una revelación y visión nuevas, y un propósito claro.

En el libro de Joel, el Señor dijo:

> "Y después de esto derramaré mi Espíritu sobre toda carne, y profetizarán vuestros hijos y vuestras hijas; vuestros ancianos soñarán sueños, y vuestros jóvenes verán visiones".
>
> —Joel 2:28

Dios iba a derramar avivamiento *después*. Él estaba revelando su voluntad para su pueblo *después*. ¿Después de qué? Después de un ayuno. Israel estaba en pecado, y Dios estaba llamando a su pueblo a ayunar en arrepentimiento como pueblo: "Tocad trompeta en Sion, proclamad *ayuno*, convocad asamblea" (v. 15, énfasis añadido). Su promesa para ellos era derramar avivamiento y bendiciones sobre la tierra. No sé de usted, pero yo estoy listo para esas épocas de "después", cuando Dios derrama avivamiento, ¡cuando nuestros hijos e hijas profetizan! ¿Qué estamos esperando cuando leemos versículos como 2 Crónicas 7:14? ¿Puede imaginarse qué sucedería si los creyentes en Estados Unidos realmente se apropiaran de esto, si se humillaran (ayunaran) y oraran? ¡Dios sanaría nuestra nación y enviaría avivamiento!

Pero si Él ha de derramar vino nuevo, nuestros odres tendrán que cambiar. Jesús dijo:

> "Y nadie echa vino nuevo en odres viejos; de otra manera, el vino nuevo rompe los odres, y el vino se derrama, y los odres se pierden; pero el vino nuevo en odres nuevos se ha de echar".
>
> —Marcos 2:22

Yo nunca antes había visto la relación entre el ayuno y el vino nuevo. Pero si lee este pasaje, Jesús acababa de terminar de decirles a los fariseos que los discípulos de Él ayunarían cuando

Él se fuera. El ayuno es lo que lo prepara para una nueva unción (v. 20). Dios no puede poner ese tipo de vino en odres viejos. Si usted quiere vino nuevo, milagros nuevos, una cercanía nueva, una nueva intimidad con Él, entonces es momento de proclamar un ayuno y sustituir ese odre viejo por el nuevo.

El ayuno es un arma tremenda y una fuente de poder en la vida del creyente. Las bendiciones que hay en mi vida son directamente atribuidas al ayuno que hay en mi vida. Yo no soy el mejor predicador, no tengo la mente brillante que tienen algunos, pero Dios ha dicho que Él no hace acepción de personas. Cuando usted honra y adora a Dios al presentar su cuerpo como un sacrificio vivo mediante el ayuno, también usted conocerá cuál es la misión que Él tiene para su vida.

Quizá esté usted en un lugar de tal desesperación, que simplemente no puede permitirse pasar por alto la voluntad de Dios para su vida. He conocido a personas que literalmente se enfrentaban a situaciones de vida o muerte. Estaban atrapadas, estaban bajo la presión de las circunstancias, y estaban bajo el ataque del enemigo. La única manera posible de sobrevivir era acercarse a Dios—de cuya mano nadie lo puede arrebatar—para oír su voz y seguir su plan.

> El ayuno es lo que lo prepara
> para una nueva unción.

Josafat, rey de Judá, estaba en una situación igualmente crítica. Él era un rey temeroso de Dios que se encontró a sí mismo rodeado por un poderoso ejército enemigo. La aniquilación era segura si el Señor no intervenía. La Escritura registra que: "Josafat humilló su rostro para consultar a Jehová, e hizo pregonar ayuno a todo Judá. Y se reunieron los de Judá para pedir socorro a Jehová; y también de todas las ciudades de Judá vinieron a pedir ayuda a Jehová... Y todo Judá estaba en pie delante de Jehová, con sus niños y sus mujeres y sus hijos" (2 Crónicas 20:3-4, 13).

Todo Judá ayunó, hasta las mujeres y los niños. Ellos necesitaban desesperadamente conocer el plan del Señor para derrotar a aquel poderoso ejército enemigo. En medio de esa asamblea de personas que ayunaban, Dios habló a su pueblo por medio de un profeta, quien los alentó al decir: "Oíd, Judá todo, y vosotros moradores de Jerusalén, y tú, rey Josafat. Jehová os dice así: 'No temáis ni os amedrentéis delante de esta multitud tan grande, porque no es vuestra la guerra, sino de Dios... No habrá para qué peleéis vosotros en este caso; paraos, estad quietos, y ved la salvación de Jehová con vosotros. Oh Judá y Jerusalén, no temáis ni desmayéis; salid mañana contra ellos, porque Jehová estará con vosotros'" (vv. 15, 17).

En medio de toda la asamblea, Dios le dijo a Judá exactamente cómo se aproximaría ese ejército enemigo y exactamente lo que ellos debían hacer como respuesta. Ellos dieron una tremenda alabanza al Señor, y Él envió emboscadas contra el ejército enemigo y los derrotó. Nadie escapó. Cuando el pueblo de Judá llegó, ¡necesitó tres días completos para llevarse el botín!

¿Quiere que Dios le diga lo que usted tiene que hacer en este momento de su vida? Ayune, adórelo y búsquelo. ¡Esté quieto y vea la salvación del Señor! Ellos ni siquiera tuvieron que pelear. Dios peleó por ellos. La batalla tomó un día, y Dios no sólo los liberó, sino que también los prosperó. ¡Ellos necesitaron tres días para llevarse toda la abundancia! ¡Yo estoy preparado para algunas de esas victorias en las que se necesita más tiempo para llevarse la victoria a casa que el que se necesitó para pelear la batalla! Prosiga usted, al igual que hizo Josafat en momentos de gran desesperación, y toda su familia también, quizá hasta toda su iglesia. ¡Dios lo librará y le mostrará su plan!

SATANÁS ODIA QUE USTED AYUNE

Satanás se pone molesto—y es derrotado—cuando usted decide hacer algo más que ser un cristiano de domingo. Probablemente, él ya haya intentado repetidamente distraerlo para que no lea este capítulo. El diablo sabe que el ayuno libera el poder de Dios. ¿Alguna vez se ha preguntado por qué, de entre todas las cosas, Satanás tentó a Jesús al final de su ayuno y lo provocó para que convirtiera las piedras en pan? Jesús tenía el poder para hacer eso, pero Él vino para utilizar su poder para servir a otros, y no a sí mismo. Además, Él estaba decidido a completar el ayuno que Dios le había llamado a terminar. Jesús sabía que algunos de los beneficios del ayuno no pueden ser liberados de otro modo, ¡y también lo sabía el diablo! Cuando Jesús regresó de ese ayuno de cuarenta días, de inmediato, comenzó a hacer poderosos milagros, "sanando a todos los oprimidos por el diablo, porque Dios estaba con él" (Hechos 10:38). Satanás necesitaba hacer que Jesús se enfocara en su propio apetito porque, si no lo hacía, ¡Jesús recibiría poder de Dios que cambiaría el mundo!

Recuerde: el plan del enemigo es robar, matar y destruirlo a usted (Juan 10:10). ¿Cree que el enemigo *quiere* que usted crea que nada es imposible para usted? Él sabe que está derrotado, pero no quiere que usted lo sepa o que camine en esa esfera del poder de Dios. Por eso es tan crucial que él lo distraiga. No permita que los enemigos que haya en su vida, hagan que usted se enfoque más en su apetito o sus circunstancias que en las promesas de Dios que son liberadas cuando emplea la poderosa arma del ayuno.

Porque en otro tiempo erais tinieblas, mas ahora sois luz en el Señor; andad como hijos de luz (porque el fruto del Espíritu es en toda bondad, justicia y verdad), comprobando lo que es agradable al Señor.

—Efesios 5:8–10

Capítulo 5

ESPANTAR MOSCAS

Nosotros comenzamos cada año en Free Chapel con un ayuno colectivo de veintiún días. Todos participan en alguna medida. Unos puede que ayunen un día; otros, tres días; algunos, una semana; otros más, hasta los veintiún días. Como cuerpo, cuando todos ayunamos juntos en ese periodo de veintiún días, Dios es honrado, y Él recompensa ese sacrificio colectiva e individualmente. Pero algunas personas no están nunca satisfechas. Yo he tenido a personas que testifican que solamente *tres días* después de comenzar un ayuno por un ser querido que tenía cáncer, ¡el cáncer fue totalmente curado! El hijo de una señora se estaba muriendo de una elevada fiebre relacionada con su leucemia. El primer día del ayuno, la fiebre del muchacho cesó, ¡y él no sufrió ningún rastro de daño cerebral!

Ambos recibieron milagrosas recompensas de Dios por sus sacrificios, pero eso no fue suficiente. Ambos continuaron ayunando durante los veintiún días. De hecho, uno de ellos pasó los veintiún días y continuó hasta llegar a cuarenta días. Como verá en el capítulo 9, el cáncer de su hijo no sólo remitió, sino que los obstáculos económicos con los que ella había batallado en su vida, también fueron derribados de modo sobrenatural.

¿Por qué aquellas personas no quedaron satisfechas de ayunar sólo hasta que vieron la victoria que necesitaban en su vida? El ayuno no es solamente una disciplina física; puede ser una fiesta espiritual. Una vez que usted gusta y ve que el Señor es bueno, (ver Salmo 34:8), el hambre por más de su presencia eclipsa la limitación de su entendimiento. Dios sabe mejor que usted lo que usted necesita. Todos los ayunos en la Biblia—fueran de un día o de cuarenta—tuvieron recompensa. Pero hay algo muy significativo acerca del número cuarenta en toda la Escritura, en especial cuando se aplica al ayuno.

Hace unos años, estaba leyendo un libro que alguien me regaló titulado *Prophetic Whisper* [Susurro profético], de Richard Gazowsky. Es una interesante mirada a su viaje para seguir el llamado de Dios a construir redes cristianas de televisión. Al comienzo mismo del libro, él habla sobre un evento que realmente captó mi atención.

El Sr. Gazowsky y su esposa estaban en un periodo de ayuno y orando en una playa en California. Aparentemente, su esposa se había alejado un poco por la playa y había comenzado a orar por una mujer que ellos conocían y que era tentada a cometer adulterio. En el momento en que ella pronunció en voz alta el nombre de la mujer, "un enjambre de moscas ascendió desde la superficie del océano, como si estuviera orquestado por un director invisible, y se extendió como si fuera una manta por el agua y sobre la playa".[1] Él acudió enseguida para comprobar que su esposa estaba bien. Cuando ella le dijo que había estado orando por su amiga, el Señor reveló algo a lo cual Gazowsky se refirió como "vulnerabilidad en el reino de Satanás", lo cual eran las moscas.[2]

Cuando yo leí eso, de inmediato, pensé en Mateo 12:24: "Mas los fariseos, al oírlo, decían: 'Este no echa fuera los demonios sino por Beelzebú, príncipe de los demonios'". Ellos estaban acusando a Jesús de operar con el poder de Satanás, o como ellos lo llamaban, Beelzebú, que significa "el señor de las moscas". ¡Qué interesante que durante la oración por alguien que era tentada por demonios, una hueste de moscas saliera de la nada y descendiera sobre aquella mujer!

Tal como Gazowsky descubrió, la "debilidad" se relaciona con la duración promedio de la vida de las moscas. Puede usted estudiar casi a cualquiera de las especies y descubrirá que sus ciclos reproductivos pueden variar desde un día hasta cuarenta días. Por eso, a fin de exterminar una plaga de moscas de una cosecha, por ejemplo, uno tiene que fumigar con pesticidas durante cuarenta días consecutivos a fin de destruirlas totalmente. Si se detiene antes de los cuarenta días completos, destruirá solamente a la generación existente, pero la siguiente generación seguirá viva. Al igual que fumigar pesticidas durante cuarenta días completos destruye una plaga de moscas, cuando entramos en un periodo de cuarenta días de ayuno y oración, podemos ser libres de las ataduras que haya en nuestra propia vida y en la vida de la siguiente generación. Como observó Gazowsky: "El diablo es un escaramuzador a corto plazo".[3]

> "Viene el príncipe de este mundo,
> y él nada tiene en mí".

Jesús no ayunó veinticinco días ni treinta y ocho. "Y estuvo allí en el desierto cuarenta días, y era tentado por Satanás, y estaba con las fieras; y los ángeles le servían" (Marcos 1:13).

Más adelante, cuando se acercaba la crucifixión de Jesús, Él habló directamente a sus discípulos, compartiendo con ellos cosas que habían de suceder. Les dijo: "No hablaré ya mucho con vosotros; porque viene el príncipe de este mundo, y él nada tiene en mí" (Juan 14:30). Satanás era considerado "el príncipe de este mundo", por haber usurpado la autoridad de Adán. Pero él no tenía nada en Jesús. Jesús le derrotó mucho tiempo antes, cuando no cayó ante ninguna de las tentaciones del diablo en el desierto.

Algunos puede que hayan estado batallando con los mismos y molestos pecados, o peor aún, usted puede que esté atrapado en ataduras que ha tratado de erradicar, pero que siguen regresando una vez tras otra. Quizá haya vivido libre de los efectos de algunos de esos pecados, pero esté viendo que se repite el ciclo en sus hijos. Va a ser necesario algo más que un matamoscas para exterminar una plaga de los secuaces de Satanás.

LA IMPORTANCIA DEL CUARENTA

A lo largo de la Biblia, el número cuarenta representa limpieza y purificación. El diluvio, en tiempos de Noé, necesitó cuarenta días para limpiar la tierra de maldad. La vida de Moisés podría dividirse en tres épocas distintas de cuarenta: él pasó cuarenta años en Egipto, cuarenta años en el desierto, y cuarenta años librando y llevando al pueblo de Dios a la Tierra Prometida. Él también ayunó durante cuarenta días en dos ocasiones: la primera vez, mientras recibió la Ley de Dios en forma de los Diez Mandamientos, y, la segunda vez, intercediendo por el pecado del pueblo.

Cuando Jonás fue enviado a Nínive, les dio a los habitantes de aquella ciudad cuarenta días para arrepentirse o esperar juicio. La Biblia registra: "Y los hombres de Nínive creyeron a Dios, y proclamaron ayuno, y se vistieron de cilicio desde el mayor hasta el menor de ellos" (Jonás 3:5). El rey llamó a toda la tierra a ayunar, y dijo: "Hombres y animales, bueyes y ovejas, no gusten cosa alguna; no se les dé alimento, ni beban agua; sino cúbranse de cilicio hombres y animales, y clamen a Dios fuertemente; y conviértase cada uno de su mal camino, de la rapiña que hay en sus manos" (vv. 7–9). Su humildad, arrepentimiento y adoración fueron enviados por Dios, y ellos fueron recompensados con misericordia en lugar de juicio.

> Hay una liberación profética que ocurre en una iglesia o en un individuo que ayuna continuamente durante cuarenta días.

Después de derrotar a cuatrocientos cincuenta profetas de
Baal y ordenar su ejecución, Elías huyó al desierto para esca-
par de las amenazas de muerte de Jezabel. Dios envió un ángel
para alimentarlo y cuidarlo mientras él descansaba. Cuando él
hubo comido la comida que el ángel preparó para él, se pasó los
siguientes cuarenta días sin comida. Durante ese periodo, habló
con Dios y recibió nueva dirección. Sus inseguridades y dudas
fueron disipadas, y la opresión del enemigo fue quebrantada.
Sin embargo, hay más. La palabra que Elías recibió durante
ese ayuno de cuarenta días afectó hasta a la generación siguiente. Él siguió la instrucción de Dios de ungir a Eliú, Eliseo y otros
más para terminar la obra, y Jehú recibe el mérito de la total destrucción de la mujer Jezabel. Tal como sigue el relato, quienes
fueron para enterrar el cuerpo de Jezabel después de que fuera
lanzada desde la torre, solamente hallaron su cráneo, sus pies y
las palmas de sus manos. Ellos le dijeron a Jehú: "Esta es la palabra de Dios, la cual él habló por medio de su siervo Elías tisbita,
diciendo: 'En la heredad de Jezreel comerán los perros las carnes
de Jezabel, y el cuerpo de Jezabel será como estiércol sobre la faz
de la tierra en la heredad de Jezreel, de manera que nadie pueda
decir: 'Esta es Jezabel'" (2 Reyes 9:36–37).

En la Palabra, las moscas representan demonios, al igual que
lo hacen otros animales. Si pudiera usted echar una mirada al
mundo espiritual, hay muchos demonios que se parecen a animales. Por ejemplo, la Biblia dice que cuando la semilla de la Palabra
de Dios es sembrada, los pájaros del aire llegan para comérse-
la (Mateo 13:4, 19). Cuando Jesús dijo: "Tomarán serpientes"
(Marcos 16:18), se estaba refiriendo a potestades demoníacas. La
Biblia habla sobre pisotear serpientes y escorpiones (Lucas 10:19).
David, al predecir la experiencia de Jesús en la cruz, dijo: "Fuertes toros de Basán me han cercado" (Salmo 22:12). Esos espíritus
llegaron a Él, corneándolo como si fueran toros.

Esos espíritus demoníacos se unen a nuestra vida como maldiciones generacionales, ataduras, fortalezas de la mente, lujuria,
perversión y adicciones de todo tipo. El problema con la mayoría

de las iglesias es que simplemente espantamos las moscas durante unos cuantos días, cuando están delante de nuestras narices. Ellas se van durante un tiempo, pero no dejan de regresar. ¡Es momento de limpiar la casa! Es momento para una época de limpieza escritural. Los demonios comenzarán —lo ha adivinado— a caer como moscas, no sólo en su vida y la de su generación, sino también la futura generación de demonios que sería traspasada a sus hijos.

> ¡Los demonios comenzarán
> —lo ha adivinado—
> a caer como moscas!

Salomón escribió: "Las moscas muertas hacen heder y dar mal olor al perfume del perfumista" (Eclesiastés 10:1). Las moscas se metían en el aceite especial de la unción. Se quedaban atascadas en él, morían y estropeaban la fragancia. Las moscas obstaculizan la unción que hay en su vida. Su adoración es contaminada por moscas de lujuria y perversión. Debemos caminar en esa unción pura que penetra en los corazones, rompe yugos, libera de ataduras y sana a los enfermos. Es tiempo de librarse de las "moscas" que haya en su negocio, en su matrimonio, en su mente, en su casa. Ellas no pueden soportar el poder del Espíritu Santo y la intimidad de la presencia de Jesús que provienen de cuarenta días de bombardear el cielo.

Algunos podrían decir: "¡Pero cuarenta días es mucho tiempo!" ¿Verdaderamente lo es? Leí un artículo en nuestro periódico local sobre la celebración musulmana del Ramadán, en la que todos los musulmanes —viejos, jóvenes y hasta niños— ayunan desde la salida del sol hasta su puesta durante treinta días. Al final de cada uno de esos días, todos ellos se reúnen para romper el ayuno y orar a su dios: Alá. Es una forma de adoración para ellos, que les ayuda a enfocarse en las cosas espirituales, en lugar de hacerlo en las necesidades terrenales. Ellos se unen en todas partes del mundo para ese evento religioso de treinta días, sacrificándose y orando a un dios que ni siquiera está vivo, pues sus huesos siguen en la tumba. ¿Sabía que el islamismo es la religión de más rápido crecimiento en los Estados Unidos? Se calcula que en unos cuantos años, una de cada cuatro personas en todo el mundo se habrá convertido al islamismo.

Los escándalos y la corrupción que aparecen en las portadas de nuestros periódicos y la gran perversión que prevalece en cada nivel de la sociedad nos dicen lo mucho que necesitamos un avivamiento en este país. ¿Cuánto más deberíamos nosotros, como cristianos, dedicarnos al ayuno y la oración? Dios prometió: "si se humillare mi pueblo, sobre el cual mi nombre es invocado, y oraren, y buscaren mi rostro, y se convirtieren de sus malos caminos; entonces yo oiré desde los cielos, y perdonaré sus pecados, y sanaré su tierra" (2 Crónicas 7:14). Dios no miente. Sus promesas son verdaderas; sus recompensas están esperando ser liberadas, por tanto, ¿qué estamos esperando? No importa lo oscura que sea la hora o lo que esté sucediendo en la Casa Blanca o en otros países. Dios gobierna y reina sobre todas las cosas.

> Sus recompensas están esperando
> ser liberadas, por tanto,
> ¿qué estamos esperando?

Tomemos el ayuno de Daniel como ejemplo. Por tres semanas, él dijo que no comería alimentos agradables (Daniel 10:3). En general, se piensa que "alimentos agradables" significa alimentos más festivos, como dulces y cosas similares. ¡Puede que eso no suene a mucho sacrificio hasta que piensa en el hecho de que somos adictos al azúcar! Según la investigación del Dr. Colbert, los estadounidenses consumen ¡unos 11,250 libras (5,000 kilos) de azúcar en toda una vida![4] Si usted hiciera un ayuno sólo de dulces durante cuarenta días, libraría a su cuerpo de muchas toxinas y probablemente adelgazaría varias libras (varios kilos). Para algunos de ustedes, ¡sería un gran sacrificio!

Daniel tampoco bebía vino. Como creyente en esta época, eso ciertamente no debería ser un problema. Pero luego él dijo que no comió ninguna carne. ¡Eso va a golpear fuerte a muchos!

Nada de refrescos, barras de caramelo, galletas, pasteles, cereales recubiertos de azúcar (sí, azúcar en todas partes de nuestra dieta estadounidense), perritos calientes, hamburguesas, filetes, tacos de carne, costillas a la barbacoa, jamón...y la lista podría continuar.

No obstante, Dios ve ese sacrificio. Cuando usted sale con personas de la oficina y van a un restaurante, y usted escoge una ensalada, patata asada (sin pedazos de tocino) y agua para beber, en lugar de ese grueso filete cocido término medio, Dios toma nota. Usted está limpiando, está purificando, ¡y está destruyendo moscas!

> ¿Puede usted renunciar a esa barrita de chocolate en la tarde para ser librado de un pecado recurrente?

¿Puede renunciar a esa barrita de su chocolate preferido en la tarde para ser librado de un pecado recurrente? Para tener más de la presencia de Jesús en su vida, ¿puede beber durante cuarenta días agua en lugar de bebidas dulces y con cafeína? ¿Quiere hacer algo más que sólo espantar esas moscas de duda y confusión que inundan sus pensamientos?

Al igual que Jesús les dijo a los discípulos en el pozo en Samaria, cuando usted se abre a conocer la voluntad del Padre y a hacer la voluntad del Padre, ningún filete o pastel se compara. Nada puede llenarle y satisfacerle como eso. Prepárese para la presencia de Jesús como nunca antes la ha tenido.

Si yo tuviese hambre, no te lo diría a ti;
Porque mío es el mundo y su plenitud.
¿He de comer yo carne de toros,
O de beber sangre de machos cabríos?
Sacrifica a Dios alabanza,
Y paga tus votos al Altísimo;
E invócame en el día de la angustia;
Te libraré, y tú me honrarás.

—Salmo 50:12–15

Capítulo 6

¿VIENE DIOS A CENAR?

Si no tenemos cuidado, podemos permitir que la vida nos lleve a la misma vieja rutina aun sin darnos cuenta de ello. Nuestra relación con el Señor puede sufrir el mismo destino. Cuando no hacemos lo necesario para mantenernos agudos y sensibles al Espíritu Santo, nuestra alabanza, adoración, ofrendas y hasta predicación pueden convertirse en frías rutinas ofrecidas a Dios. Como creyente, usted puede orar, leer su Biblia y asistir a la iglesia semana tras semana y aun así estar perdiendo de vista su primer amor. No es que usted no ame al Señor, pero el ajetreo de la vida puede llevarlo al punto de perder su frescura, su entusiasmo y su sensibilidad a su Espíritu y a las cosas que a Él le agradan.

> Puedo oír a nuestro Padre celestial suspirar:
> "¿Religión otra vez?".

Mi madre era una excelente cocinera, pero si ella se hubiera quedado tan atareada en otras cosas que lo único que nos pusiera en la mesa fuese pastel de carne cada noche de la semana, no creo que yo hubiera necesitado mucho tiempo para encontrar otro lugar donde comer. El desalentador sonido de comentarios como: "Ah, mamá, ¿pastel de carne otra vez?", habría sido común en mi casa. ¿Y si Dios tuviera hambre y lo único que nosotros le diéramos como alimento fuese nuestra sosa rutina religiosa día tras día? Al igual que terminar con pastel de carne en la mesa cada noche, puedo oír a nuestro Padre celestial suspirar: "¿Religión otra vez?".

FUERA DEL MOLDE RELIGIOSO

Por eso, Dios le dijo a Israel: "Si yo tuviese hambre, no te lo diría a ti; porque mío es el mundo y su plenitud" (Salmo 50:12). Dios posee el ganado que hay en miles de montes. Él no necesita nuestras rutinas; Él no saborea la actividad fría; Él no quiere nuestras "sobras" cuando puede "alimentarse" en otro lugar. La verdadera adoración que sale de nuestro corazón lo alimenta y le satisface. Es algo que Él desea y merece. Nuestra religiosidad de hacer por inercia las mismas cosas una vez por semana no le agrada tanto como nuestra obediencia a su Palabra.

La razón de que este tema encaje en un libro sobre el ayuno es sencilla: el ayuno es un constante medio de renovarse a usted mismo espiritualmente. La disciplina del ayuno le hace salir de la rutina del mundo. Es una forma de adoración: ofrecer su cuerpo a Dios como un sacrificio vivo es santo y agradable a Dios (Romanos 12:1). La disciplina del ayuno lo humillará, le recordará su dependencia de Dios, y le hará regresar a su primer amor. Hace que las raíces de su relación con Jesús vayan más profundo.

Dios desea moverse poderosamente en su vida. Sus planes para usted siempre están progresando y desarrollándose. Él desea hablarle, como alguien hablaría a un amigo. Así es como Él hablaba con Abraham. Cuando Dios llegó para juzgar la maldad de Sodoma y Gomorra, se detuvo en la tienda de Abraham en el camino. ¿Puede imaginarse mirar hacia afuera un día y ver al Señor caminando hacia la puerta de su casa con dos ángeles? ¡Eso sí que es algo fuera de lo ordinario! Abraham se apresuró a reunirse con el Señor y se postró para adorarle. Les pidió a los tres visitantes que se quedaran a fin de poder traerles agua para lavar sus pies y prepararles una comida. Los tres acogieron con agrado su invitación y se quedaron.

El ayuno es un constante medio de
renovarse a usted mismo espiritualmente.

Abraham era un hombre que adoraba a Dios, que habló con Dios, y que había seguido el llamado de Dios a dejarlo todo y seguirlo a una tierra que Él le mostraría. Su adoración y fidelidad habían alimentado a Dios por muchos años, y, de repente,él tuvo la oportunidad de alimentarlo en el sentido natural. Cuando usted alimente a Dios, Él le dirá cosas que puede que oculte a otros. La Biblia dice que después de haber comido, Dios le dijo a Abraham que él y Sara tendrían un hijo en un año. Él hasta compartió con Abraham sus planes para Sodoma y Gomorra. Observemos también que Abraham estaba entonces en un lugar muy íntimo con Dios, en el cual pudo interceder por los justos que pudieran encontrarse en esas malvadas ciudades.

Hay dimensiones de nuestro glorioso Rey que nunca serán reveladas al adorador casual y desinteresado. Hay muros de intercesión que nunca serán escalados por el servicio religioso desapasionado. Sin embargo, cuando usted da pasos para salir de lo ordinario y adorarlo como Él se merece, comenzará a ver facetas de su ser que nunca supo que existían. Él comenzará a compartir secretos con usted acerca de sí mismo, de sus planes y sus deseos para usted. Cuando usted adora a Dios como Él merece, Él es magnificado.

David era un hombre conforme al corazón de Dios. Era un hombre que ayunaba con frecuencia, y no solamente de alimentos. En su juventud, él frecuentemente estaba en los campos a solas, únicamente con las ovejas y su Dios. Después de ser ungido rey, él pasó muchos días huyendo para salvar su vida. David escribió el Salmo 34 mientras estaba solo y huyendo de Saúl en tierra de los filisteos. Pero David se alentó a sí mismo para adorar a Dios aun en esas condiciones, proclamando: "Su alabanza estará de continuo en mi boca" (v. 1), y "gustad , y ved que bueno es el Señor" (v. 8). Un adorador rutinario en esas circunstancias habría quedado totalmente abrumado. Pero David sabía que adorar a Dios era magnificar a Dios. Su invitación a todos nosotros a magnificar a Dios junto con él (v. 3) sigue abierta hoy día.

Cuando era niño, no teníamos juguetes como PlayStation y Nintendo. Simplemente, teníamos juguetes sencillos y grandes imaginaciones. Uno de los mejores regalos que mis padres me hicieron fue una lupa con mango grande. Para un niño de seis o siete años, ¡una lupa es una aventura por suceder! Si yo la alineaba correctamente con la luz del sol, podía concentrar el calor de esa luz y hacer un agujero en un montón de basura o hasta tostar a una confiada hormiga. Y, desde luego, estaba la principal característica: la capacidad de agrandar cualquier cosa que uno quisiera ver. Cuando yo acercaba ese cristal a un objeto, podría ver aspectos de él que no podían verse con la visión normal. Ese agrandamiento no hacía que el objeto fuese más grande de lo que realmente era, pero ampliaba mucho mi visión, permitiéndome ver detalles que estaban ocultos sin ese agrandamiento.

David nos estaba llamando a adorar al Señor junto con él. Cuando usted adora, magnifica a Dios. Sus enemigos o circunstancias pueden parecen tan grandes y poderosas que son lo único que usted puede ver. Pero cuando adora, no sólo magnifica a Dios, sino que también reduce el tamaño y el poder de todo lo que le rodea. Más adelante en el Salmo 34, David dijo: "Busqué a Jehová, y él me oyó, y me libró de todos mis temores" (v. 4). Dios le oirá cuando disponga usted su corazón a adorarle. Cuando magnifica al Señor, encoge el supuesto poder de su enemigo, el diablo. Lo mejor que puede usted hacer en medio de una batalla es exaltar al Señor. Josafat es prueba de eso. Cuando estaba bajo ataque, la nación entera clamó, ayunó y adoró a Dios. Josafat envió a los adoradores por delante del ejército para exaltar a su Dios, y Él liberó totalmente a Judá de su enemigo.

Cuando Jesús habló con la mujer en el pozo en Samaria, sus palabras la hicieron libre. Ella había estado casada muchas veces, y estaba viviendo con un hombre que no era su esposo. Sus familiares habían adorado por costumbre en Samaria, pero les habían dicho que debían adorar en Jerusalén. En el pozo de Jacob, Jesús le enseñó que "los verdaderos adoradores adorarán al Padre en espíritu y en verdad; porque también el Padre tales adoradores busca que le adoren" (Juan 4:23). Con todo lo demás que Él le dijo, ella supo que había hallado al Mesías o, al menos, Él la había hallado a ella. Por tanto, ella regresó corriendo a la ciudad, diciendo a todos: "Venid, ved a un hombre que me ha dicho todo cuanto he hecho" (v. 29). La Biblia dice que la ciudad salió a ver y a oírlo a Él: a adorarlo.

> Cuando adora, magnifica a Dios.

Mientras tanto, sus discípulos regresaron con comida, pero Él les dijo que no tenía hambre. Dijo: "Yo tengo una comida que comer, que vosotros no sabéis... Mi comida es que haga la voluntad del que me envió, y que acabe su obra" (vv. 32, 34). La adoración de aquella mujer había satisfecho tanto a Jesús, que Él ya no tenía hambre de comida natural. Los discípulos estaban ocupados yendo por comida, pero ella tomó tiempo para adorarlo y alimentarlo de lo que Él más deseaba.

¿Qué dice Dios acerca de usted? ¿Acaso es: "¿Religión otra vez?"? ¿O cena Él con usted, tiene comunión con usted y comparte con usted profundos secretos y planes para el futuro? Cualquier cosa que esté usted afrontando o pasando en este momento, quiero que preste atención al llamado de David a magnificar al Señor. Si está usted en una rutina donde su adoración simplemente no sale, si no ha oído a Dios hablarle desde hace mucho tiempo, si sus circunstancias parecen ser el mayor obstáculo en su vida, detenga todo y comience un ayuno. Un día, varios días, algunos alimentos, ningún alimento... Los detalles no son tan importantes como lo es el deseo de su corazón de satisfacer a Dios con su adoración y su sacrificio.

Escrito está: No sólo de pan vivirá el hombre,
sino de toda palabra que sale de la boca de Dios.

—Mateo 4:4

SERÁN SACIADOS

Nuestras dietas estadounidenses están cargados de azúcares, toxinas, alimentos procesados, carnes y demás. Sin embargo, es posible para nosotros hacer comidas abundantes, estar sobrepeso y *seguir* desnutridos. En el libro del Dr. Colbert, *Libérese de las toxinas*, él afirma: "Puede que realmente estemos hambrientos desde un punto de vista nutricional, mientras que, al mismo tiempo, estamos cada vez más obesos... Tristemente, en realidad, estamos cavando nuestras propias tumbas con nuestros tenedores y cuchillos".[1]

> Cuando usted tenga hambre
> de Dios, Él lo llenará.

En ese sentido, es fácil ver cómo nuestra vida física una vez más es un paralelismo de nuestra vida espiritual. Podemos llegar a estar demasiado nutridos por una dieta intensa de programas eclesiales y actividades, estructura religiosa y tradiciones de hombres y, sin embargo, estar gravemente desnutridos cuando se trata de las cosas más profundas de Dios. ¿Sabe a qué se refiere el Dr. Colbert con "la respuesta más eficaz para la nutrición en exceso"? El ayuno. Él ha descubierto que "más que ninguna otra cosa, el ayuno es una dinámica clave para limpiar su cuerpo de la colección de toda una vida de toxinas, dando la vuelta a la nutrición excesiva y las enfermedades que causa, y asegurando un maravilloso futuro de energía, vitalidad, longevidad renovadas y una salud bendecida".[2]

Jesús dijo: "Bienaventurados los que tienen hambre y sed de justicia, porque ellos serán saciados" (Mateo 5:6). Cuando usted comience a desarrollar un hambre por las cosas más profundas de Dios, Él lo llenará. Sin embargo, a veces, simplemente estar en un buen servicio no es suficiente. Yo creo que Dios ya está levantando personas en este tiempo que ya no quieren una dieta sólo de "iglesia como siempre". Lo veo en Free Chapel; las personas están ayunando y desarrollando un hambre para obtener más de Dios, y las tradiciones religiosas simplemente están teniendo que apartarse del camino. Las personas que tienen hambre, son personas desesperadas. Ellas pasarán por encima de la costumbre; pasarán por encima del ritual; no quieren irse con hambre.

HAMBRE EN CARNE...
HAMBRE EN ESPÍRITU

Jesús encontró mucha hambre al visitar Tiro y Sidón. Una mujer cuya hija estaba poseída y atormentada por un demonio oyó que Él estaba allí; pero la mujer era griega, "y sirofenicia de nación" (Marcos 7:26) y, por tanto, estaba fuera del pacto que Dios había hecho con Israel. Pero eso no le importó. Ella tenía hambre, y su fe era persistente. Aun cuando Jesús la desalentó, diciendo que el "pan" era en primer lugar para los hijos de Israel, ella tenía el hambre suficiente para pedir hasta unas migajas que cayeran al piso. Muchos de los hijos que estaban sentados a la mesa, no habían demostrado tener un hambre tan grande. Jesús honró su petición, y su hija fue sanada, debido a la persistencia de ella (vv. 29–30).

Las personas que tienen hambre son personas desesperadas, y tienen hambre para recibir más de Dios como nunca antes. Salen de las reglas, regulaciones religiosas, y el pensamiento tradicional y avanzan hasta tener más de la presencia de Él, de su poder para transformar situaciones, más de su poder sanador, ¡y más de su poder que hace milagros! ¡Solamente Jesús satisface esa hambre!

> **Cuando tenga hambre de más, recibirá más.**

Fue un hambre así la que fue avivada en el corazón de un centurión gentil en Cesarea que ayunaba y oraba a Dios siempre, y daba generosamente a los pobres. Aunque eran gentiles, Cornelio y su casa temían fervientemente a Dios y le servían. Cuando Cornelio estaba ayunando y orando un día, al igual que Daniel, un ángel se le apareció con un mensaje. El ángel dijo: "Tus oraciones y tus limosnas han subido para memoria delante de Dios" (Hechos 10:4). Y, luego, el ángel le dio instrucciones de que enviara a buscar a Pedro, que estaba cerca, en Jope. Pedro, quien también estaba ayunando en aquel momento, vio una visión de Dios en la cual muchos alimentos que eran impuros para los judíos eran presentados ante él. Él seguía asombrado por la visión cuando llegaron los mensajeros de Cornelio. Al acudir con ellos a su casa al día siguiente y oír del hambre que había en el corazón de aquel hombre, Pedro comprendió que la visión significaba que el evangelio no debía ser retirado de los gentiles. Cuando compartía el evangelio con los de la casa de Cornelio, el Espíritu Santo cayó y los bautizó a todos, y después fueron bautizados en agua (ver Hechos 10).

El ayuno aviva un hambre en su espíritu que es más profundo que el hambre temporal que experimenta usted en la carne. Cuando tiene hambre de Dios, Él lo llenará. Jesús fue a ciudades donde no pudo hacer milagros, porque no había hambre. Cuando Jesús entró en Capernaúm, fue confrontado por un centurión romano cuyo siervo estaba paralizado y atormentado (Mateo 8:5–13). Pero el centurión sabía que solamente sería necesaria una palabra de Jesús para que el siervo fuera sanado. Cuando le dijo esas palabras a Jesús, la Biblia dice que Jesús se sorprendió por su fe y les dijo a los demás: "De cierto os digo, que ni aun en Israel he hallado tanta fe" (v. 10). Él estaba diciendo: "Muchos en el linaje de Abraham no tienen el hambre que este hombre ha demostrado. Ellos vienen a verme a mí, pero no tienen hambre". En este día, Dios está diciendo: "Estoy buscando a alguien que haga algo más que presentarse, ¡que tenga hambre de lo que yo quiero poner en él!".

Dios honra lo que otros denominan hambre "ilegítima". Mateo 12:1–8 nos habla de un momento en que Jesús y los discípulos iban caminando y hablando. Los discípulos tuvieron hambre, y mientras caminaban, "comenzaron a arrancar espigas y a comer" (v. 1). Pero era contrario a la ley "arrancar grano" el día de reposo. Ese día, uno no debía trabajar, sino estar dedicado al Señor. Por tanto, cuando los fariseos se dieron cuenta de lo que los discípulos estaban haciendo, dijeron: "He aquí tus discípulos hacen lo que no es lícito hacer en el día de reposo" (v. 2). ¡Pero ellos iban caminando y hablando con el Señor del día de reposo! Y Jesús les dijo a los fariseos: "¿No habéis leído lo que hizo David, cuando él y los que con él estaban tuvieron hambre; cómo entró en la casa de Dios, y comió los panes de la proposición, que no les era lícito comer ni a él ni a los que con él estaban, sino solamente a los sacerdotes? Pues os digo que uno mayor que el templo está aquí. Y si supieseis qué significa: Misericordia quiero, y no sacrificio, no condenaríais a los inocentes; porque el Hijo del Hombre es Señor del día de reposo" (vv. 3–4, 6–8).

Los fariseos no podían dejar sus propias tradiciones para reconocer que el Pan de vida estaba delante de ellos. Estaban satisfechos con su propia religión y no tenían hambre. Pero cuando usted tiene hambre de más, recibirá más. Dios romperá todas las reglas religiosas para usted. Quizá alguien le haya dicho: "Con el trasfondo que tienes, Dios no puede usarte", o: "Como eres mujer, no puedes predicar", o: "No tienes las conexiones 'adecuadas' para hacer lo que quieres hacer". Cuando usted tenga hambre de Dios, sepa que Él romperá las reglas de los hombres y hará que su favor esté sobre su vida.

Cualquiera puede ser normal; lo normal está sobrevalorado. Alguien tiene que decir: "¡Pero yo quiero más! ¡Señor, tengo hambre! ¡Voy a tener que hacer a un lado la tradición! Voy a tener que hacer a un lado todos los rituales, porque me estoy muriendo de hambre, y sencillamente ya no puedo 'seguir asistiendo a la iglesia como de costumbre'". Mi sugerencia es comenzar apartando el plato. Demuéstrele a Dios que va usted en serio. Debemos llegar el punto en que volvamos a estar desesperados por Dios. Debemos comenzar a desearlo más de lo que deseamos la comida o la bebida. Seamos llenos del Pan de vida, en lugar de los desperdicios de la religión. Comience a hacer del ayuno una disciplina regular, ¡y vea cómo Dios responde a su hambre!

No temas, Abram; yo soy tu escudo,
y tu galardón será sobremanera grande.
—Génesis 15:1

Capítulo 8

RECOMPENSADOS PÚBLICAMENTE

D ios dijo: "Entre la entrada y el altar lloren los sacerdotes ministros de Jehová" (Joel 2:17). En una casa, la "entrada" es la parte que todos pueden ver; representa los aspectos más públicos de su ministerio. El altar representa el ministerio privado. En la vida de un creyente, siempre debería haber más ministerio a Dios privado que público. Cuando usted lee sobre Jesús, no lo ve orando en público tanto como lo ve orando en privado. La Biblia dice que Él, con frecuencia, oraba durante toda la noche y tenía periodos de intimidad a solas con su Padre. De esos periodos en devoción privada, surgían las demostraciones públicas del poder de Dios en forma de sanidades, resurrección de muertos, abundancia y más. Las victorias no se ganan en público, sino en privado. Por eso, el ayuno, ya sea de modo colectivo o individual, es una disciplina privada. Donde hay poca disciplina privada, hay poca recompensa pública.

MANTENERLO COMO ALGO PERSONAL

Anteriormente, le mostré cómo, en Mateo capítulo 6, Jesús detalló las tres obligaciones de un cristiano: dar, orar y ayunar. Hay algo más que quiero que usted vea en ese capítulo. Jesús dijo: "Guardaos de hacer vuestra justicia delante de los hombres, para ser

vistos de ellos; de otra manera no tendréis recompensa de vuestro Padre que está en los cielos" (Mateo 6:1). Él estaba hablando
sobre el ministerio público y privado. Añadió: "Cuando, pues,
des limosna, no hagas tocar trompeta delante de ti, como hacen
los hipócritas en las sinagogas y en las calles, para ser alabados
por los hombres; de cierto os digo que ya tienen su recompensa.
Mas cuando tú des limosna, no sepa tu izquierda lo que hace tu
derecha, para que sea tu limosna en secreto; y tu Padre que ve en
lo secreto te recompensará en público" (vv. 2–4).

> **El ayuno romperá la pobreza en su vida.**

Se haga de modo colectivo o individual, el ayuno es una disciplina personal y privada. Es un sacrificio que nace de la expectativa. Eso no significa querer decir que el ayuno es una
herramienta de manipulación para conseguir algo de Dios, sino
"un servicio racional" (ver Romanos 12:1) que Dios recompensa
públicamente. ¿Recuerda el beneficio a ciento por uno? Las recompensas de Dios son para que todos las vean. Sencillamente, mire
la vida de Job. Él pasó por una devastadora prueba y lo perdió
todo. Su bienes materiales, su familia y su salud le fueron arre-
batados. Sin embargo, él ayunaba, y permaneció fiel a la devoción privada. Job dijo: "Del mandamiento de sus labios nunca
me separé; guardé las palabras de su boca más que mi comida"
(Job 23:12). Y Dios "quitó la aflicción de Job" y "aumentó al
doble todas las cosas que habían sido de Job" (Job 42:10). La
Biblia también dice que "bendijo Jehová el postrer estado de Job
más que el primero" (v. 12) y hasta le dio más hijos e hijas. Las
recompensas públicas de Dios inundaron la vida de Job.

Ahora, quiero compartir con usted algunas de las recompensas públicas que Dios me dijo que derramaría sobre nosotros en

Free Chapel cuando lo buscáramos con diligencia en dar, orar y ayunar. ¡Esas mismas recompensas están abiertas a todo creyente! En primer lugar, Él me dijo que el ayuno romperá la pobreza de su vida. Cuando yo planto una semilla cada vez que ayuno, grandes bendiciones llegan a mi vida. Veamos una vez más Joel 2:15–16: el pueblo era muy pobre y tenía tal hambruna que no podía ni siquiera hacer ofrenda. Pero Dios dijo: "Tocad trompeta en Sion, proclamad ayuno, convocad asamblea". Después de aquel ayuno, la era estaba llena de trigo, los cántaros de aceite rebosaban, y ellos comieron en abundancia y fueron satisfechos. El Señor trajo una gran bendición económica a personas que ayunaron y oraron. Cuando el ayuno es un estilo de vida, la pobreza no lo será.

> La salud y la sanidad seguirán al ayuno.

Eso no significa que pueda usted ayunar de refrescos durante un día y entrar en la riqueza. No obstante, si comienza a ayunar de modo regular, y comienza a honrar a Dios con ayuno, oración y ofrendas, verá por usted mismo que está directamente relacionado con que la pobreza se vaya de su vida. Es interesante que los tres hombres más sabios del Antiguo Testamento —José, Daniel y Salomón— ¡fueran también los tres hombres más ricos! José fue obligado a ayunar en la cárcel. Según la historia, solamente a los familiares del prisionero se les permitía que le trajeran alimentos al prisionero, y la familia de José estaba en otro país. Pero después de aquella época de su vida, José llegó a ser fabulosamente rico, y fue puesto a cargo de todo el dinero de Egipto (Génesis 41:39–45). Salomón se humilló a sí mismo en ayuno y oración, y Dios aumentó mucho su riqueza y su sabiduría (1 Reyes 3:10–13). De igual modo, a Daniel, que diligentemente buscaba a Dios por medio del ayuno y la oración mientras estaba en la cautividad en Babilonia, se le dio sabiduría por encima de todos los demás y prosperó mucho en tiempos de Darío el rey (Daniel 6:1–4).

Dios también dijo que la salud y la sanidad seguirían al ayuno. De su ayuno escogido, Dios dijo: "Entonces nacerá tu luz como el alba, y tu salvación se dejará ver pronto" (Isaías 58:8). El ayuno le humilla y trae claridad, y permite que usted saque de su corazón la falta de perdón y la amargura. Algunas personas han tratado una y otra vez de perdonar verdaderamente a alguien, pero nunca han sido capaces de soltar el problema. Comience un ayuno, y confíe en que Dios obrará eso en su corazón. Anteriormente, en el libro, le hablé de cómo el ayuno le ayuda físicamente, porque limpia su cuerpo y le da a sus órganos tiempo para descansar. También le ayuda a hacer "limpieza general" en el sentido espiritual, porque le hace sensible a los deseos del Señor. La falta de perdón, la amargura y otras cosas similares pueden vincularse a enfermedades y fatiga, entre otras.

> El ayuno también vencerá adicciones sexuales y potestades demoníacas.

Cuando nos hemos estado preparando para nuestros ayunos anuales, el Señor me ha dicho que realice reuniones de milagros. Él me ha dicho: "Quiero que coloques un anuncio de media página o página completa en el periódico. Diles a quienes tienen enfermedades y sufren de SIDA, leucemia, enfermedades cardiacas y otras cosas que hay una iglesia que ha estado ayunando y buscando a Dios para tener sanidad". Cuando usted ayuna y ora, debería *esperar* para ver los milagros que sucederán.

El ayuno también vencerá adicciones sexuales y potestades demoníacas. Quitará de las personas grandes pecados. En Mateo

17:21, Jesús dijo de aquel demonio testarudo que "este género no sale sino con oración y ayuno", ¿lo recuerda? Hay una historia fenomenal en el libro de Jueces, capítulos 19 y 20, en la que el ayuno marcó la diferencia en una importante batalla contra un pueblo lleno de perversión sexual. Un levita estaba viajando con su concubina y se detuvo en tierra de Gabaa, que pertenecía a los benjamitas. Los hombres de aquella ciudad se habían vuelto malvados y se deleitaban en lascivos actos homosexuales (Jueces 19:22).

Los hombres rodearon la casa del levita que estaba de visita y exigieron que saliera para poder "conocerlo carnalmente". En cambio, terminaron violando brutalmente y asesinando a la concubina del hombre, y ella murió a la puerta de la casa. Cuando él la descubrió allí a la mañana siguiente, quedó ultrajado. Envió partes del cuerpo de ella con un mensaje a todas las tribus de Israel, condenándolas por permitir que ese tipo de maldad existiera en medio de ellos y demandando que se levantaran e hicieran algo al respecto.

Los ejércitos de Israel se reunieron contra Benjamín. Salieron a la batalla y perdieron veintidós mil hombres el primer día (Jueces 20:21). Regresaron, se reagruparon y lucharon otra vez contra los benjamitas, y perdieron esa vez dieciocho mil (v. 25). Antes de salir a la batalla el tercer día, Dios envió al profeta Finees con un mensaje de *ayunar* y orar. Por tanto, los hombres ayunaron por veinticuatro horas, y cuando volvieron a salir contra aquel espíritu de homosexualidad, ¡su poder fue roto y derrotado (vv. 26–48)!

Ahora bien, nosotros no tenemos lucha contra carne y sangre, pero hay un espíritu detrás de la homosexualidad. Hay un espíritu detrás de la pornografía. Hay un espíritu detrás del adulterio. Hay un espíritu detrás de la fornicación. Esos espíritus demoníacos de perversión manipulan y utilizan a las personas como marionetas con cuerdas. Pero el ayuno romperá la fortaleza demoníaca de las adicciones sexuales, como la pornografía, la homosexualidad, el adulterio, la fornicación y la lujuria.

Dios también se dirigirá a los hijos suyos, que estén siendo desviados y destruidos por las artimañas del enemigo. En el libro de Joel, Dios llamó a un ayuno santo; y Él dijo: "Y después de esto derramaré mi Espíritu sobre toda carne, y profetizarán vuestros hijos y vuestras hijas" (Joel 2:28). Muchas veces, las recompensas del ayuno vienen después del ayuno, aunque, de vez en cuando, las respuestas pueden llegar durante el ayuno. Lea la historia del hijo de Ezequías, Manasés, que llegó a ser rey de Judá (2 Crónicas 33:1–13). Manasés fue un rey malvado a quien Dios había advertido muchas veces, pero sin éxito alguno. Entonces, el ejército de Asiria capturó al hijo de Ezequías, puso una argolla en su nariz, lo ató con cadenas y lo llevó a Babilonia. En su desesperación, Manasés clamó a Dios y se humilló a sí mismo con ayuno. La Biblia dice que Dios oyó su ruego y "lo restauró a Jerusalén, a su reino. Entonces reconoció Manasés que Jehová era Dios" (v. 13).

> **Dios también se dirigirá a los hijos de usted.**

Yo he oído muchas historias sobre hijos que estaban apartados y habían sido desviados por el enemigo, como si tuvieran una argolla en su nariz. Terminaron atados a la pornografía y atrapados por las drogas, el alcohol y todo tipo de adicción. Quizá usted tenga hijos rebeldes o que estén cometiendo fornicación, pero le digo que el ayuno y la oración romperán por completo esos espíritus de la vida de ellos.

Recibí esta carta de Shauna, quien es miembro de nuestra congregación, acerca de su hijo. Ella escribió:

Mi hijo era nacido de nuevo, lleno del Espíritu Santo, y tenía quince años cuando su papá se suicidó. Él le dio la espalda a Dios y se alejó de Él durante los últimos quince años, ¡pero Dios nunca le dio la espalda! Él y su esposa acudieron al servicio después de su boda en Tennessee. Se sentaron en la parte de arriba. Cuando usted hizo el llamado al altar, no se rindió. Usted dijo: "el Espíritu Santo no dejará que me detenga. Él dice que hay alguien aquí que si no toma esta oportunidad hoy, nunca tendrá otra más". Mi hijo dijo que miró y le vio señalarle con su dedo justamente a él. Miró a su esposa y dijo: "Bien, ¿vamos?". Los dos respondieron al llamado y aceptaron a Jesús como su Señor y Salvador. Su nueva esposa fue educada en el budismo y nunca había oído de Jesús hasta que conoció a mi hijo. ¡Gracias por no dejar que "el tiempo" se interpusiera de una salvación más!

Mi ayuno terminó el 22 de enero, y diez días después, ¡dos de mis oraciones fueron contestadas!

"Tu Padre...te recompensará en público." (Mateo 6:4). Dios no miente. Él me ha hablado que traerá almas durante nuestros ayunos anuales, y hemos visto el fruto de esa recompensa también. La producción a treinta, a setenta y a ciento por uno está disponible en la vida de cada creyente. Dios no hace acepción de personas; lo que Él ha hecho en nuestra iglesia, en la vida de nuestros miembros, lo hará por usted cuando usted se proponga de corazón buscarlo a Él por medio del ayuno.

Alabaré yo el nombre de Dios con cántico,
Lo exaltaré con alabanza.
Y agradará a Jehová más que sacrificio de buey,
O becerro que tiene cuernos y pezuñas;
Lo verán los oprimidos, y se gozarán.
Buscad a Dios, y vivirá vuestro corazón.

—Salmo 69:30–32

NADA SERÁ IMPOSIBLE; ¡ESTO SÍ FUNCIONA!

Y o podría hablarle de más cosas que Dios hará cuando usted ayune, pero los testimonios de personas de Free Chapel que participan en nuestro ayuno anual, lo dicen todo. Mi corazón se siente abrumado cada año cuando comenzamos a oír los testimonios de sanidades, bendiciones económicas, hijos perdidos que regresan al hogar y más.

HISTORIAS DE ESPERANZA

Susan había trabajado en una empresa por quince años, pero perdió su empleo cuando otra empresa compró la suya. Para hacer la situación aún más abrumadora, en diciembre, el hermano de treinta y cinco años de Susan murió de repente, hecho que la dejó muy triste y quebrantada. Ella encontró la gracia para unirse al ayuno junto con la iglesia al comienzo del año. Para sorpresa suya, la empresa se puso en contacto con ella en marzo y le dijo: "Vamos a darle el salario de un año y beneficios extras durante un año completo". Con aquel dinero, ella y su esposo cancelaron sus deudas, a excepción de la de su casa, y pudieron comprar un vehículo más nuevo. Más adelante, ella nos dijo que, como resultado del ayuno, Dios le había restaurado su deseo de vivir.

A Darren y su esposa, Sarah, les dijeron que no podían tener hijos. Ellos hicieron el ayuno de veintiún días. Más adelante, en el año, él testificó: "El diablo trató de destruir la bendición del Señor, pero este año tenemos un bebé en nuestros brazos que no teníamos el año pasado por estas fechas".

Recibí una nota de Joan, otra de nuestros miembros, que escribió: "Mi esposo aceptó el desafío del ayuno de veintiún días, aunque aún no era salvo. A los catorce días de comenzar, se despertó en mitad de la noche gritando. A la mañana siguiente, ¡le entregó su vida a Cristo y fue bautizado en el Espíritu Santo aquella noche! Mi esposo no sólo fue salvo en un ayuno de veintiún días, sino que el 13 de febrero mi esposo y todos nuestros hijos, hasta mi cuñada, fueron bautizados. ¡A Dios sea la gloria!".

Lisa y su hijo, Ben, solían asistir a Free Chapel. La vida se detuvo de repente para ellos en un punto, cuando a Ben le diagnosticaron leucemia. Él había pasado por la quimioterapia y había sufrido los efectos secundarios. El día 5 de enero, el primer domingo de enero en que comenzamos el ayuno, Ben estaba en la unidad de cuidados intensivos, literalmente luchando por su vida con una fiebre muy alta. Yo conocía la gravedad de la situación, así que proclamé que comenzaríamos ese ayuno por la recuperación de Ben. Lisa me dijo que Ben se despertó en aquel mismo momento, y que la fiebre bajó, él no sufrió ningún daño cerebral y la leucemia remitió totalmente.

Pero la historia de Lisa no termina ahí. Ella se unió al ayuno de veintiún días ese año y continuó hasta cuarenta días. Esta madre, con crisis económica, con un hijo ante las puertas de la muerte con leucemia, ayunó por cuarenta días. Dios honra esa clase de fe y devoción. El Espíritu Santo le habló a un hombre y su esposa en nuestra iglesia para que le regalaran a Lisa una camioneta nueva. Yo la llamé y le pregunté si podía pasar por la oficina de la iglesia, pero no le dije nada más. Cuando ella iba de camino, el auto que conducía, ¡se averió! Finalmente, llegó y se disculpó mucho, sin tener idea de lo que estaba a punto de suceder. Yo le entregué la llave de una hermosa camioneta nueva, completa con un reproductor de DVD para que Ben lo disfrutara; ¡y un cheque de cinco mil dólares extra que la pareja quiso regalarle!

Varias semanas después, la llamé a que subiera a la plataforma, y ella compartió su testimonio. Anteriormente esa mañana, yo le había preguntado cuánta deuda tenía, y ella dijo que solamente debía veinte mil dólares de su casa, porque había pagado todas las otras deudas con la ofrenda de cinco mil dólares. En el servicio de aquella mañana, le presenté otro cheque que aquella misma pareja le daba, esa vez de veinticinco mil dólares. Lisa y su hijo habían vivido su último año en pobreza. De ahora en adelante tenían un futuro sin deudas gracias a la recompensa pública que Dios derramó sobre ellos por su obediencia sacrificial.

Un año, solamente tres días desde el comienzo del ayuno, Melissa testificó de que su padre había estado batallando con un cáncer de próstata y que ella había comenzado el ayuno por él. Cuando él acudió a los doctores, para sorpresa de ellos, ¡no encontraron señales de cáncer en ninguna parte! Dios lo sanó. Lo que me encanta del testimonio de ella es que no se detuvo después de tres días. Ella dijo: "Voy a seguir para ver qué más quiere hacer Dios".

Dios no hace acepción de personas. Su deleite es recompensar a sus hijos. Él es honrado y enaltecido cuando nosotros estamos dispuestos a buscarlo cueste lo que cueste.

El ayuno sacará de la oscuridad su vida y su ministerio a la vista de los demás. Un domingo, Steve testificó que había ayunado los últimos cuarenta días. Dijo:

"Tengo un ministerio a tiempo completo con el que voy a prisiones y cárceles. Sin embargo, seré sincero con ustedes: soy predicador, y estoy lleno del Espíritu Santo, pero Dios me dijo que tenía un espíritu de glotonería sobre mí. Por eso, comencé este ayuno. No le pedí a Dios que abriera puertas. Le dije a Dios que estaba harto de que el espíritu de glotonería me engañe para no obtener las cosas espirituales que Él tiene para mi vida y de que me cierre puertas, puertas en las finanzas y puertas en todo lo demás que Dios tiene para mí".

Este hermano comenzó a ver más puertas abiertas para él de las que posiblemente era capaz de manejar. Comenzó a recibir invitaciones para compartir en otras prisiones, y para ser entrevistado por canales de televisión. Hasta fue entrevistado por un policía que solía arrestarlo antes de que Steve entregase su vida al Señor. El Señor me ha asegurado, a lo largo de los años, que el ayuno traerá a los perdidos. Cheryl nos habló sobre su prima de veintinueve años inconversa, Debbie, que la llamó repentinamente durante el ayuno anual. Ella estaba turbada y quería reunirse con Cheryl, para decirle: "No tenemos que comer juntas ni nada. Solamente necesito hablar contigo". Debbie comenzó a compartir con Cheryl problemas que estaba teniendo en su matrimonio y otras cosas más. Cheryl le dijo: "Lo mejor que puedes hacer, Debbie, es tener una relación con Jesús por ti misma. Yo no sé si alguna vez has orado o lo has aceptado, pero no puedo dejarte hoy sin preguntarte si alguna vez has sido salva". Debbie, voluntariamente, oró con su prima, ¡y aceptó a Cristo por primera vez en su vida!

> El Señor me ha asegurado a lo largo de los años que el ayuno traerá a los perdidos.

El ayuno lo hace ser más sensible al tiempo y la voz del Espíritu Santo. Aun en medio del ayuno, Cheryl cobró una valentía que normalmente podría no haber tenido. El ayuno hace tal obra en su vida, que los perdidos suelen sentirse atraídos hacia usted y a lo que Dios está haciendo. No es que manipulemos a Dios mediante nuestras obras, obligándolo a que mueva su mano. El ayuno sencillamente lo quebranta a usted y lleva su fe a un nuevo nivel.

Con este punto, espero haber sido capaz de aclarar los malentendidos acerca de lo que es—y no es—el ayuno, y por qué es una disciplina que no debería faltar en la vida de ningún creyente. Es una parte vital de ese cordón de tres hilos de las obligaciones cristianas normales que Jesús bosquejó en Mateo 6: dar, orar y ayunar. Limpia su cuerpo y fomenta salud de muchas maneras prácticas. Lo lleva a una relación más profunda con el Señor que la que puede disfrutarse mediante la religión rutinaria. No espere a tener un buen momento. Como Dios señaló, sencillamente no hay ninguno. Usted no es demasiado joven ni demasiado viejo. Después de todo, Ana era una profetisa que tenía unos ochenta años cuando adoraba día y noche, ayunando y orando (Lucas 2:37).

Como mencioné anteriormente, si Jesús pudiera haber recibido lo que Él necesitaba para desarrollar su ministerio aquí en la tierra sin ayunar, no habría ayunado. Pero Él sí que ayunaba. De hecho, Él ha continuado ayunando por nosotros por más de dos mil años. Durante su última cena con los discípulos, les dio la copa y dijo: "Y os digo que desde ahora no beberé más de este fruto de la vid, hasta aquel día en que lo beba nuevo con vosotros en el reino de mi Padre" (Mateo 26:29). He visto a personas que nunca habían ayunado antes, experimentar maravillosos milagros en su vida. Si está usted listo para recibir bendiciones sobrenaturales en su vida y liberar el poder de Dios para vencer cualquier situación, comience hoy a hacer de la disciplina del ayuno una parte de su vida. ¡Será grandemente recompensado!

ABRIR UNA PUERTA A LAS PROMESAS DE DIOS

La mujer vio que el fruto del árbol
era bueno para comer...
—Génesis 3:6, NVI

Introducción

¿POR QUÉ ES TAN DIFÍCIL?

Aún me sigue sorprendiendo que la comida fuese la tentación utilizada para hacer que Adán y Eva pecasen, y resultase en la caída de la humanidad. Encuentro igualmente interesante que Jesús comenzase su ministerio terrenal—redimirnos del pecado—absteniéndose de comer.

Imagino que fue una escena extraordinaria para Juan el Bautista ver a su propio primo, el Cordero de Dios, descender al agua para ser bautizado como todos los demás. La mayoría de las personas que fueron bautizadas aquel día, probablemente regresaran después a sus casas para celebrarlo con una buena fiesta, hablando de lo que habían visto y oído. Jesús no lo hizo. Él siguió la dirección del Espíritu Santo. Comenzó su ministerio terrenal a solas, al ayunar durante cuarenta días y noches mientras era tentado en el desierto (Mateo 3:16–4:11).

Lo primero que Jesús sintió en su ministerio terrenal por usted y yo fue hambre. Lo último que Él sintió en esta tierra fue sed, cuando el Señor de gloria colgaba moribundo de una cruel cruz, según Juan 19:28.

Por tanto, mi pregunta es: ¿Por qué el Cuerpo de Cristo tiene tanta dificultad con la disciplina del ayuno? La falta de control sobre la carne abrió la puerta a la tentación del pecado en el huerto de Edén, pero Jesús tomó el control de su carne, al santificarse a sí mismo para romper el poder de la tentación. Cuando Jesús ayunó durante cuarenta días y noches, Satanás lo tentó: "ordena a estas piedras que se conviertan en pan" (Mateo 4:3). El enemigo intentó repetidamente hacer que Jesús se enfocara en el deseo de comida, en lugar de enfocarse en la misión y los propósitos del Padre, pero Jesús sabía que la santificación es una clave esencial para abrir una puerta a las bendiciones de Dios.

Si Jesús necesitó ayunar, ¿cuánto mayor es nuestra necesidad de ayunar? Yo tenía dieciocho años cuando hice mi primer ayuno completo de veintiún días. Fue una de las cosas más difíciles que haya hecho jamás. Ayunar nunca es fácil. Sinceramente, no conozco otra cosa más extenuante que el ayuno. Jesús comprende la dificultad de privarnos a nosotros mismos de comida. En Hebreos 4:15, leemos: "Porque no tenemos un sumo sacerdote incapaz de compadecerse de nuestras debilidades, sino uno que ha sido tentado en todo de la misma manera que nosotros, aunque sin pecado". Con estas promesas en mente, el proceso se hizo menos desagradable para mí.

Cuando usted ayuna, se abstiene de alimentos con propósitos espirituales. He oído decir a personas que planeaban ayunar de ver televisión, de jugar a los juegos de computadora o de navegar en la Internet. Es bueno dejar a un lado esas cosas durante un periodo de consagración si están interfiriendo con su vida de oración, con su estudio de la Palabra de Dios o con su ministerio a las necesidades de otros, pero técnicamente, eso no es ayunar. El ayuno es pasarse sin comida durante un periodo de tiempo, lo cual generalmente hace que usted deje la conmoción de la actividad normal. Parte del sacrificio de ayunar, buscar a Dios y estudiar su Palabra es que la actividad normal se disipa y pasa a un segundo plano.

Hay razones equivocadas para ayunar. No tiene usted que ayunar para obtener mérito delante de Dios o para librarse del pecado. Hay una sola cosa que nos da mérito delante de Dios y nos limpia de pecado: la sangre de Jesús. Sin embargo, el ayuno comenzará a sacar a la superficie cualquier área de concesiones que haya en su vida y le hará ser más consciente de cualquier pecado que haya en su propia vida para que pueda arrepentirse. El ayuno no es una dieta cristiana. Usted no debería ayunar para perder peso, aunque la pérdida de peso es un efecto secundario normal. A menos que ponga la oración junto a su ayuno, no hay necesidad de ayunar. Meramente pasarse sin comer es sólo pasar hambre. Cuando usted ayuna, se centra en la oración y en la Palabra de Dios.

Finalmente, no ayune para que otros puedan darse cuenta de ello. Un ayuno no es una oportunidad de mostrarles a otros lo profundamente espiritual que es usted, sino una oportunidad para centrarse en las necesidades de otros. El movimiento mundial de hambre tiene un programa llamado "Let It Growl" [Deja que gruña], un ayuno para ser consciente del hambre en el mundo. Durante ese ayuno, cuando los participantes sienten las punzadas del hambre y sus estómagos comienzan a gruñir, recuerdan que una tercera parte de las personas que hay en este mundo se irán a la cama con esa misma sensación cada noche porque no tienen comida.

Al momento de escribir este libro, habré estado pastoreando la congregación Free Chapel por más de dieciocho años. Durante gran parte de ese tiempo, ayuné en privado durante veintiún días al comienzo de cada año. Pero hace aproximadamente siete años, el Espíritu Santo me guió a pedirle a la iglesia que se uniera al ayuno. Dios nos ha bendecido de más maneras de las que yo podría haber imaginado.

El otro día, iba yo caminando por el aeropuerto, y un hombre me detuvo y me dijo: "Sé quién es usted. Yo soy una de esas personas que ayunó con su iglesia el año pasado". Cuando usted comienza un ayuno al comienzo del año con el Cuerpo de Cristo, se une a miles de personas en todo el mundo que también comienzan el año nuevo con un ayuno. Una persona que ayuna tiene poder, pero cuando un grupo de personas ayuna, ¡es fuerza multiplicada! ¡Es poder multiplicado!

El Dr. David Yonggi Cho pastorea la iglesia más grande del mundo en Seúl, Corea del Sur. Cada año, setecientos cincuenta mil miembros hacen un ayuno. Él tiene a mil quinientos adolescentes acampados en el Monte de Oración en tiendas de campaña para ayunar y orar durante siete días cada año.

Usted ha sido engañado si cree que los cristianos no deben ayunar. Dios espera de cada uno de nosotros ayune; no sólo algunos de nosotros. En Mateo capítulo 6, Él nombra tres cosas que hacen los cristianos: "Cuando ores…Cuando des…Cuando ayunes…". Él no dijo "si", sino "cuando". Si tienes un tiempo para orar y un tiempo para dar, entonces deberías tener un tiempo para ayunar.

> No os afanéis, pues, diciendo: ¿Qué comeremos, o qué beberemos, o qué vestiremos? Porque los gentiles buscan todas estas cosas; pero vuestro Padre celestial sabe que tenéis necesidad de todas estas cosas. Mas buscad primeramente el reino de Dios y su justicia, y todas estas cosas os serán añadidas.
>
> —Mateo 6:31–33

Siempre puede encontrar usted una razón para no ayunar, así que tiene que decidirse hacerlo, y todo lo demás se acomodará. Si usted decide apartar los primeros días del año para ayunar, establecerá el curso para todo el año, y Dios añadirá bendiciones a su vida durante todo el año. Al igual que usted establece el curso de su día al comunicarse con Dios en las primeras horas, lo mismo sucede cuando dedica los primeros días del año a ayunar.

La primera sección de este libro se llama "La disciplina privada que tiene recompensa pública". Las "recompensas" que han salido a la superficie en la vida de quienes asisten a Free Chapel durante los pasados años, han sido fenomenales. En esta segunda sección, compartiré algunas de las enseñanzas más profundas que el Señor me ha dado sobre el ayuno, a medida que hemos seguido buscándolo de esta manera, y le alentaré con algunos de los magníficos testimonios de la fidelidad de Dios a su Palabra.

Y todos éstos, aunque alcanzaron buen testimonio
mediante la fe, no recibieron lo prometido;
proveyendo Dios alguna cosa mejor para nosotros,
para que no fuesen ellos perfeccionados aparte de nosotros.
—Hebreos 11:39–40

Capítulo 10

ÉL AGRADÓ A DIOS

Estoy más emocionado por el ayuno de lo que nunca he estado. No me malinterprete, ¡me encanta comer! Aunque me gusta comer, no puedo decir que me guste observar a las personas mientras cortan un filete grande, humeante y jugoso mientras yo mastico un humeante brócoli. He descubierto que tener hambre y sed de Dios trae con ello una recompensa mucho mayor que satisfacer el hambre temporal que puede que experimente en mi cuerpo.

¿Recuerda usted a Ana? Su historia solamente ocupa unas cuantas líneas en el Evangelio de Lucas, pero yo creo que Dios vio mucho más en la vida de esta preciada santa. Ella es llamada profetisa, y su sencillo testimonio es que era "viuda hacía ochenta y cuatro años; y no se apartaba del templo, sirviendo de noche y de día con ayunos y oraciones" (Lucas 2:37). Eso es para demostrarle que usted no es nunca demasiado viejo para ayunar. Ana tenía un hambre de la Palabra de Dios que era mayor que su hambre de comida, y su fidelidad en el ayuno la preparó para lo que estaba a punto de suceder.

Después del nacimiento de Jesús, José y María llevaron a su diminuto niño al templo para ser dedicado como el hijo primogénito. Yo me imagino a aquella joven familia pasar al lado de cientos de personas en el abarrotado templo aquel día, pero solamente un hombre y una fiel mujer reconocieron verdaderamente al

Mesías. Simeón fue el primero en regocijarse al ver a Jesús. Luego, Ana lo vio y, al instante, dio gracias a Dios. Después, comenzó a hablarles a todos los que esperaban la redención de Israel del tan esperado Mesías (Lucas 2:38). Imagine eso: ¡un nuevo llamado en la vida de ella a los ochenta y cuatro años de edad!

> Tener hambre y sed de Dios trae con ello una recompensa mucho mayor que satisfacer el hambre temporal que puede que experimente en mi cuerpo.

Aunque el ayuno no es en nada más fácil con la edad, sí que es más fácil con gracia. Cuando el Espíritu Santo lo llama a ayunar, es porque Él lo está preparando para lo que está por delante. El ayuno requiere fe. Como dijo Jesús: "Bienaventurados los que tienen hambre y sed de justicia, porque ellos serán saciados" (Mateo 5:6).

CREERLE A DIOS

El capítulo once del libro de Hebreos a menudo se denomina "el salón de la fe", y comienza con las palabras: "Es, pues, la fe la certeza de lo que se espera, la convicción de lo que no se ve" (Hebreos 11:1). Algunas de las palabras más alentadoras en la Biblia se encuentran en este libro. Se ha dicho que, después del nacimiento de Set a Adán y Eva, la gente comenzó a clamar al nombre del Señor (Génesis 4:26). Enoc nació muchos años después, y su vida fue un paso más delante de sólo clamar al nombre del Señor. Miles de años después de su partida de esta tierra, el escritor del libro de Hebreos dijo de él: "Por la fe Enoc fue traspuesto para no ver muerte, y no fue hallado, porque lo traspuso

Dios; y antes que fuese traspuesto, tuvo testimonio de haber agradado a Dios" (Hebreos 11:5).

¿Qué había en Enoc que era diferente de sus antecesores? ¿Qué había en su vida que fuese tan agradable a Dios? La respuesta se encuentra en Hebreos:

> Pero sin fe es imposible agradar a Dios; porque es necesario que el que se acerca a Dios crea que le hay, y que es galardonador de los que le buscan.
>
> —Hebreos 11:6

> **Cuando el Espíritu Santo lo llama a ayunar, es porque Él lo está preparando para lo que está por delante.**

Enoc conocía a Dios. No sólo eso, Génesis 5:22 dice que Enoc ¡caminó con Dios durante trescientos años! Ahora bien, si yo tuviera que escoger lo que podría decirse de mí, querría que mi testimonio fuese: "él agradó a Dios". Observemos que Enoc no trató de agradar a la gente. De hecho, Judas registra que Enoc profetizada de una manera que le habría hecho muy poco popular entre la multitud (Judas 14–15). El principal interés de Enoc era caminar en fe, que es lo que agrada a Dios. Según Hebreos 11:6, es razonable decir que Enoc acudió a Dios, creyó en Dios, buscó a Dios con diligencia, y fue recompensado.

Si quiere usted agradar a Dios, *créale* a Dios; tome su Palabra. Cuando el apóstol Pablo enseñaba a los corintios, una sociedad que buscaba conocimiento, les dijo: "Por fe andamos, no por vista" (2 Corintios 5:7). Sadrac, Mesac y Abed-nego caminaron por fe y no por vista. Los tres se unieron a Daniel en su ayuno inicial de los manjares del rey. Piense en lo que ellos vieron cuando iban de camino hacia aquel horno; había sido calentado siete veces más de lo normal. El calor era tan intenso, que mató a los guardas que estaban en las puertas. Si ellos hubieran caminado por vista, habrían dicho: "Hoy seguramente seremos reducidos a cenizas". En cambio, por fe, caminaron diciendo: "He aquí nuestro Dios a quien servimos puede librarnos del horno de fuego ardiendo; y de tu mano, oh rey, nos librará" (Daniel 3:17). Fe es la evidencia de las cosas invisibles.

HAMBRE DE LA PALABRA

¿De dónde proviene ese tipo de fe que lo capacita para buscar a Dios y creer su Palabra, a pesar de lo graves que puedan *parecer* sus circunstancias? Su hija no es salva y consume drogas. Su padre yace moribundo en la cama de un hospital. Está a punto de ser desahuciado de la casa que renta. Su matrimonio de veinte años ha llegado a su fin, y los documentos de divorcio se han firmado. Podría seguir mencionando mucho más. Estas son circunstancias muy reales que no tienen solución en lo natural. ¿De dónde proviene tal fe?

"Así que la fe es por el oír, y el oír, por la palabra de Dios" (Romanos 10:17). Es oyendo la Palabra de Dios, al oír la predicación del evangelio, cuando aumenta la fe. Se da algo al entrar en una iglesia donde fluye la unción y oye usted la Palabra de Dios predicada. La fe no viene de programas, de estupendos grupos de alabanza o de estar con un grupo de personas que son similares a usted. La fe viene cuando usted oye a un hombre o una mujer de Dios predicar la Palabra sin hacer concesiones a todos los que escuchan. Ese es el lugar de origen de la fe. Si esta revelación verdaderamente echa raíz en su espíritu, usted nunca permitirá que el diablo lo convenza de que no sea fiel a la casa de Dios.

Son muchos los cristianos que descubren que están desnutridos en la Palabra, pero bien alimentados del mundo, y viven su vida derrotada como resultado de eso. En la introducción a esta sección, mencioné cómo Eva *vio* que el fruto era bueno para comer. La Palabra de Dios a Adán y Eva fue: "El día que de él comieres, ciertamente morirás" (Génesis 2:17). Sin embargo, Eva actuó según la sabiduría del mundo que la serpiente dijo en lugar de alejarse en fe de que la Palabra de Dios era verdadera.

> **Si quiere agradar a Dios, créale a Dios.**

Como contraste, cuando Jesús ayunaba en el desierto, fue tentado por la misma voz que tan astutamente había susurrado a Eva. Sin embargo, Jesús respondió: "No sólo de pan vivirá el hombre, sino de toda palabra que sale de la boca de Dios" (Mateo 4:4). ¿Qué había oído Jesús justamente antes del comienzo de ese periodo de ayuno? "Y hubo una voz de los cielos, que decía: Este es mi Hijo amado, en quien tengo complacencia" (Mateo 3:17). La Palabra de Dios lo sostuvo durante cuarenta días y noches sin comer.

¡Cómo desearía que el Cuerpo de Cristo hoy día tuviera ese mismo tipo de hambre de la Palabra de Dios! Me encantaría ver el día en que, si un cristiano tuviera que hacerlo, prefiriese asistir a la iglesia en pijama antes que perderse *el oír* la Palabra de Dios. Sé que eso suena radical, pero vivimos en tiempos radicales. Necesitamos entender las palabras de Jesús cuando Él dijo: "El cielo y la tierra pasarán, pero mis palabras no pasarán" (Marcos 13:31).

¿Qué poseía el joven David en lo natural que le hizo creer que tendría éxito contra el gigante filisteo? ¡Nada! Él era bajo de estatura; era joven; aún no era un soldado; era meramente un pastor de ovejas. Sin embargo, caminaba con Dios, conocía a Dios y buscaba a Dios. Su fe era lo único que necesitaba para saber que Goliat caería ante él, al igual que el león y el oso habían caído (ver 1 Samuel 17:34–35).

DILIGENCIA

Debemos alimentarnos con diligencia de la Palabra de Dios. A veces, lo mejor que posiblemente podamos hacer es dejar morir de hambre a nuestra carne y alimentar nuestro espíritu mediante un ayuno. El ayuno lo ayuda a separar lo que usted *quiere* de lo que usted *necesita*. Lo hace enfocarse en las cosas que de verdad importan.

Créame, ¡ayunar le da muchas oportunidades de buscar con diligencia al Señor! Usted lo busca con diligencia cuando todos los demás han salido al cine, bebiendo refrescos y comiendo palomitas, y usted elige quedarse en casa para estar con el Señor porque *tiene que* oír de Él. Buscarlo con diligencia mediante el ayuno se hace en la mañana cuando todos los demás se levantan y comen tocino, huevos, tortitas y salchichas fritas y usted escoge pasar tiempo con Dios. Se produce cuando está usted en el trabajo y todos los demás salen a comer hamburguesas, papas fritas y batidos, ¡pero usted sólo tiene agua envasada! Diligencia es cuando usted regresa a casa después de un largo y difícil día en el trabajo, y lo único que ha tomado todo el día es agua. Sin embargo, se aparta de la mesa de la cena para alimentarse de la Palabra.

Ser diligente es ser persistente. Significa trabajar duro haciendo algo y negarse a detenerse. Dios liberó a los israelitas de la esclavitud de Faraón; dividió el mar Rojo a fin de que ellos pudieran cruzar por tierra seca, pero permitió que el ejército de Faraón se ahogase. Aun así, los hijos de Israel entraron en el desierto y comenzaron a quejarse. Después de todo lo que Él había hecho por ellos, ellos no fueron diligentes en buscar el Señor, y aquella generación nunca entró en el reposo de Él, su recompensa.

La fe es progresiva. La fe nunca entra en una mala situación y dice: "Voy a quedarme aquí sentada y morir. Se acabó". La fe nunca se queda en el desierto, celebrando una fiesta de autocompasión con todo lo que hay alrededor y que está seco. Usted camina por fe. No se queda quieto, ahogándose en su desgracia. Cuando entra en un desierto, sigue caminando; sigue adelante aun si solamente progresa un centímetro con cada paso. Cuando entra en batalla, tiene usted que seguir diciendo: "Seguiré adelante".

> Caminamos por fe. No nos quedamos quietos, ahogándonos en nuestra desgracia.

RECOMPENSA

Cuando se ofrece una recompensa por la captura de alguien, la recompensa se da antes de ser reclamada. El dinero se ingresa en una cuenta que se retiene hasta que el delincuente sea capturado. Dios es galardonador de quienes lo buscan con diligencia (Hebreos 11:6), lo cual significa que Él ya ha establecido recompensas para usted en el cielo. En mi pensamiento, cuando leo ese pasaje, siempre he añadido: "le buscan... y le encuentran". Eso no es lo que dice. La Biblia nos dice que si *buscamos, encontraremos.*

Al comenzar cada año con un periodo de ayuno y oración, estamos *buscando* primeramente su reino. Los testimonios que llegan durante y después del ayuno son increíbles. Quiero compartir algunas de las "recompensas" que las personas han experimentado para alentarlo en su fe. Con frecuencia, durante los servicios en enero, el micrófono se llenará de personas que testifican de la bondad de Dios. Dejaré que algunas de ellas compartan con usted en sus propias palabras:

"He estado ayunando para que mi familia y mis hijos sean salvos, y me he pasado siete días sin comida, solamente con líquidos. Estaba intentando decidir si comenzar el ayuno de Daniel hoy o no. Bien, ya no lo voy a debatir más porque, después de dos años de alejarse del Señor, mi hija fue salva esta misma mañana; ¡y quiero más milagros en mi familia!".

"Pastor, debíamos algunos pagos de nuestra casa, y nos enfrentábamos al desahucio. El viernes, en mi empresa trajeron pizza para todos. Yo me quedé en mi oficina y comí sólo sopa de tomate. Llegué a casa aquella tarde para descubrir que el banco había reorganizado la hipoteca entera. ¡Estábamos al día! ¡Estábamos al corriente! ¡Y no tenemos que hacer otro pago hasta el primero de abril!"

"Hemos estado orando por mi nuera un año y medio. Ella, recientemente, ha entrado en un programa de la iglesia para drogadictos, pues es drogadicta desde que tenía catorce años. Esta mañana, estaba aquí delante en el altar postrada, clamando a Dios. Es un milagro. ¡Es un milagro!"

"He estado asistiendo a Free Chapel por tres años, pero, el año pasado, mi mamá me dijo que estaban comenzando un ayuno. Yo pensé: '¿Veintiún días? No sé si yo puedo hacer eso'. Entonces, recordé que cuando ponemos a Dios en primer lugar, el año será próspero. En aquel momento, mi esposa y yo teníamos sólo un auto, y vivíamos en un apartamento. Durante el curso del año, obtuve otro auto, y nos mudamos a nuestra casa. Yo soy músico, y el artista con quien he trabajado firmó un contrato con una de las firmas más grandes del mundo. Por tanto, mi familia y yo volveremos a ayunar este año; ¡y quién sabe!"

"Mi padre está en la unidad de cuidados intensivos en el centro médico Northeast Georgia. Tenía una hernia que había cerrado su colon, lo cual básicamente le hizo daño al colon, el intestino y todo. Cinco veces lo dieron por muerto. Ahora mismo, está desconectado de las máquinas, y respira por sí mismo. Y están hablando de llevarlo a una habitación."

"Pastor, esta semana tuvimos un gran desastre en nuestra cuenta bancaria. Algunas personas nos habían robado nuestra tarjeta de débito y algo de dinero, y nuestros cheques comenzaron a ser devueltos por falta de fondos. Pero gloria a Dios que comenzamos el ayuno. Sabe, ¡Dios simplemente descendió! Nos regresaron todo el dinero para los cheques devueltos, y el banco también nos reembolsó el dinero que nos robaron."

Quiero compartir yo mismo esta historia. Un año, al final del ayuno de veintiún días, una pareja se acercó a mí y me dio un montón de documentos oficiales. Sorprendido, los abrí para ver la palabra DESESTIMADO sellada en letras muy gruesas. Después de eso, leí las palabras: "Tribunal Superior del Condado de Gwinnett, estado de Georgia, Juicio final y decreto de divorcio". La pareja que estaba delante de mí había estado luchando en su matrimonio desde hacía un año, pero durante aquel ayuno, el periodo de hacer todo lo demás a un lado y buscar a Dios con diligencia, ¡sucedió un milagro! La unidad sustituyó a la división, y el divorcio quedó desestimado. El diablo pensó que había acumulado otra estadística de divorcios entre cristianos, ¡pero Dios es galardonador!

El enemigo viene para robar, matar y destruir, pero Jesús vino para que pudiéramos tener vida en abundancia (Juan 10:10). Hay muchas cosas que la muerte, entierro y resurrección de Jesús nos proporcionan. Aunque están todas disponibles, ninguna es automática. Dios no hace acepción de personas. Él recompensa a todos los que lo buscan con diligencia en fe, porque la fe es lo que le agrada.

Alzaré mis ojos a los montes;
¿De dónde vendrá mi socorro?
Mi socorro viene de Jehová,
Que hizo los cielos y la tierra.
No dará tu pie al resbaladero,
Ni se dormirá el que te guarda.
He aquí, no se adormecerá ni dormirá
El que guarda a Israel.
—Salmo 121:1–4

Capítulo 11

MANTO DE ALABANZA

Uno nunca olvida el sentimiento de tristeza y pérdida que se produce cuando muere alguien cercano. Yo quería mucho a mi padre. Cuando él murió en 1991, necesité semanas para recuperarme del impacto inicial de la tristeza. Cada día, cuando me despertaba, ese sentimiento de pérdida me golpeaba de nuevo mientras pensaba: "Mi papá está muerto". Él fue un maravilloso padre y abuelo, y estoy agradecido de que tuviéramos la oportunidad de formar juntos muchos recuerdos maravillosos. Su vida fue ciertamente una celebración. Aunque yo sabía que papá estaba con el Señor, su ausencia de esta vida dejó un vacío del que tardé tiempo en recuperarme.

En Mateo 9, vemos a los discípulos de Juan el Bautista acudir a Jesús para preguntar: "¿Por qué nosotros y los fariseos ayunamos muchas veces, y tus discípulos no ayunan?" (v. 14).

Jesús respondió: "¿Acaso pueden los que están de bodas tener luto entre tanto que el esposo está con ellos? Pero vendrán días cuando el esposo les será quitado, y entonces ayunarán" (v. 15).

Esta no es la única ocasión en que ve usted las palabras *luto* y *ayuno* utilizadas de modo intercambiable en la Biblia. El ejemplo que el Señor da en este pasaje deja claro que el ayuno es muy similar a estar de luto. Cuando hace un ayuno, normalmente no tiene ganas de celebración; es un momento para buscar a Dios y desechar las cosas de la carne. A horas de comenzar un ayuno, puede que descubra que la comida es lo primero que le viene al pensamiento (justo antes de que su estómago comience a gruñir).

Aun así, yo espero con ilusión el ayuno colectivo que hacemos en Free Chapel cada año, debido a las recompensas que provienen de la diligencia de toda una iglesia que busca a Dios de esa manera. Jesús dijo: "Bienaventurados los que lloran, porque ellos recibirán consolación" (Mateo 5:4). ¿Quién es el Consolador sino el Espíritu Santo? Cuando el profeta Isaías comenzó su proclamación de las buenas nuevas en el capítulo 61, predijo la venida de Cristo, quien vino a:

> Proclamar el año de la buena voluntad de Jehová, y el día de venganza del Dios nuestro; a consolar a todos los enlutados; a ordenar que a los afligidos de Sion se les dé gloria en lugar de ceniza, óleo de gozo en lugar de luto, manto de alegría en lugar del espíritu angustiado; y serán llamados árboles de justicia, plantío de Jehová, para gloria suya.
>
> —Isaías 61:2–3

Yo creo que cuando la iglesia aprende a ayunar junta (estar de luto), veremos a Dios comenzar a cumplir esas promesas de muchas maneras. ¿Hay experiencias "quemadas" en su vida: feos recordatorios de heridas del pasado y sueños rotos? No tire las cenizas. Dios le dará belleza en lugar de cenizas. Él le dará la unción de su presencia, que es el aceite del gozo a cambio de su luto.

EL AYUNO ROMPE EL ESPÍRITU DE ANGUSTIA

El espíritu de angustia tiene que ver con desaliento, depresión y opresión. Tristemente, el mayor escollo en Estados Unidos es el más viejo del mundo. Los estadounidenses utilizan la bebida, el tabaco, las drogas, los medicamentos, el comer en exceso y otras conductas dañinas para tratar de quitar el espíritu de angustia. Piense en todos los anuncios que ve de productos para perder peso, curas para no fumar y antidepresivos, entre otros. Rara vez ve un programa de televisión sin ser bombardeado por anuncios de medicamentos.

En lugar de buscar más cosas que *meter* en nuestro cuerpo para aliviar el dolor, deberíamos ayunar y buscar al Dios que nos da un manto de alabanza, en lugar del espíritu de angustia que aflige a tantas personas. ¿Por qué es un manto de alabanza? Descubrirá que usted se pone la depresión y la opresión como si fueran un manto; le cubren con tinieblas y desesperación. Es un manto pesado que le abate, y evita que usted levante su cabeza y levante sus manos en alabanza a Dios.

La pesadez o angustia quita la adoración de su vida. La iglesia es deprimente, a menos que aprenda usted a adorar. Yo sé que esa es una frase extraña, pero es verdad. No hay nada peor que una iglesia llena del Espíritu que pierda el manto de alabanza y agarre el espíritu de pesadez o angustia. Dios desea nuestra alabanza más que nuestra mera asistencia a la iglesia. Eso no es decir que deberíamos descuidar el reunirnos como cuerpo, pero los momentos en que estamos juntos, al igual que cuando estamos solos, deberían ser para glorificar y alabar a nuestro asombroso y poderoso Dios. ¡La alabanza hace al enemigo retroceder!

Uno de mis ejemplos favoritos de este hecho se encuentra en 2 Crónicas. Al rey Josafat le dijeron: "Contra ti viene una gran multitud del otro lado del mar, y de Siria; y he aquí están en Hazezon-tamar, que es En-gadi. Entonces él tuvo temor; y Josafat humilló su rostro para consultar a Jehová, e hizo pregonar ayuno a todo Judá" (2 Crónicas 20:2–3).

Ahora bien, Josafat acababa de poner en orden el reino de Judá. Las cosas iban bien. En cuanto habían comenzado a disfrutar de paz, oyeron que un ejército —mucho mayor del que podían derrotar— ya estaba de camino. Josafat podría haber muerto bajo ese espíritu de angustia. El pasaje dice que él "tuvo temor", pero solamente se detuvo un momento ahí. De inmediato, se propuso, él y todo el pueblo de Judá, buscar al Señor mediante el ayuno y la oración. Entonces, tomó su lugar en la asamblea del pueblo y comenzó a alabar, proclamando quién era Dios y todo lo que Dios había hecho por ellos. Concluyó al decir: "Porque en nosotros no hay fuerza contra tan grande multitud que viene contra nosotros; no sabemos qué hacer, y a ti volvemos nuestros ojos" (v. 12). Luego, esperaron.

Cuántas veces nos encontramos a nosotros mismos diciendo eso mismo: "No sé qué hacer. Este problema es mucho mayor de lo que yo puedo manejar". ¡Debemos poner nuestros ojos en Dios! La historia continúa: "Y estaba allí Jahaziel...levita de los hijos de Asaf, sobre el cual vino el Espíritu de Jehová en medio de la reunión" (v. 14). Dios les dijo que la batalla no era de ellos sino de Él. Les dijo exactamente dónde estaría el enemigo, pero dijo: "No habrá para qué peleéis vosotros en este caso; paraos, estad quietos, y ved la salvación de Jehová con vosotros. Oh Judá y Jerusalén, no temáis ni desmayéis; salid mañana contra ellos, porque Jehová estará con vosotros" (v. 17).

No sé de usted, pero darme cuenta de que el Señor iba a destruir a mis enemigos, ¡sería razón suficiente para hacerme gritar! Y eso es precisamente lo que hizo el pueblo de Judá. Jóvenes y viejos "se levantaron...para alabar a Jehová el Dios de Israel con fuerte y alta voz". Al día siguiente, se levantaron temprano al lugar donde el Señor les había dicho. Entonces, Josafat volvió a dirigirse al pueblo, y dijo:

> Oídme, Judá y moradores de Jerusalén. Creed en Jehová vuestro Dios, y estaréis seguros; creed a sus profetas, y seréis prosperados. Y habido consejo con el pueblo, puso a algunos que cantasen y alabasen a Jehová, vestidos de ornamentos sagrados, mientras salía la gente armada, y que dijesen: Glorificad a Jehová, porque su misericordia es para siempre.
>
> —2 Crónicas 20:20–21

Ahora bien, observemos lo que sucedió cuando ellos comenzaron a alabar: "Jehová puso contra los hijos de Amón, de Moab y del monte de Seir, las emboscadas de ellos mismos que venían contra Judá, y se mataron los unos a los otros" (v. 22). ¡Hay poder en el ayuno colectivo y poder en la alabanza colectiva! Crea un río de sanidad, un río de liberación y victoria, un río de limpieza en la casa de Dios. Es momento de intercambiar cenizas por belleza, luto por gozo y un manto de angustia por un manto de alabanza.

LO QUE LOGRA LA COMIDA

Un amigo me llamó justamente cuando estábamos a punto de comenzar el ayuno colectivo. Para mi sorpresa, él me dijo: "Lo siento mucho por ti". Él, en realidad, lamentó que yo estuviera a punto de apartar la comida por el gozo de buscar al Señor durante veintiún días.

Yo respondí: "No lo sientas por mí. De hecho, yo lo siento por ti". Luego, lo reté: "Haré un trato contigo. Tú come durante los próximos veintiún días. Compararemos notas al final del año para ver si la comida que comiste logró para ti lo que el ayuno de veintiún días logró para mí". Como se evidencia en Daniel 1:15, comer no logra lo que logra el ayuno.

> ¡Hay poder en el ayuno colectivo y poder en la alabanza colectiva!

Yo soy muy bendecido de ser parte de una congregación que busca a Dios por medio del ayuno. Se ganan batallas y vidas cambian como resultado del ayuno. De hecho, un cambio dramático se produjo en la época de Navidad en la vida de un joven al que llamaré James. Habíamos comenzado ese año con un ayuno colectivo, como hacemos ahora cada año. Se habían producido muchos milagros en la vida de personas a lo largo del año. La noche de un viernes en particular, mi familia y yo habíamos asistido al programa de Navidad en Free Chapel y conducíamos de regreso a casa. La predicción del tiempo decía que habría un tiempo invernal severo durante el fin de semana, así que mi esposa, Cherise, me pidió que me detuviera en el colmado para comprar algunas cosas esenciales. Era tarde, así que estacioné y dejé el auto encendido para que se mantuvieran calientes.

Agarré la leche, el pan y los cereales, y me puse en la fila para pagar. Podía ver a mis hijos que me miraban a través de los cristales de la tienda. Fue entonces cuando lo vi. Un joven había entrado en la tienda justo detrás de mí y estaba en la fila detrás de mí con unas cuantas latas de cerveza. Yo lo miré, y nuestras miradas se encontraron durante un segundo. Al principio, yo no pensé mucho en ello porque estaba allí solamente para comprar leche y cereales. Recuerde que yo había orado durante veintiún días al comienzo del año, y el ayuno lo hace ser más sensible a la voz de Dios. De repente, en mi espíritu, oí al Señor decir: "Dile que él tiene mucho valor para mí".

Miré hacia atrás al joven, y él me miró, y luego se fue. Yo seguí en la fila y pagué mis cosas, sabiendo que debía de decirle algo. No lo vi cuando me fui, así que salí caminando hacia el auto. Cuando abrí la puerta, Cherise y todas las chicas estaban diciendo: "Papi, Papi, ¡mira, mira! ¡Mira!". Me mostraron la cámara que habían traído para tomar fotografías de la obra de Navidad. Pero cuando miré la pantalla digital, ellas habían tomado fotografías del joven que estaba en la fila. Yo pregunté: "¿Qué está pasando?". Mi esposa y las niñas habían visto a aquel joven robar cerveza y vino de la tienda. No sólo eso, ¡sino que tomaron fotografías de él cuando lo hacía! Es correcto, el mismo joven del que Dios dijo: "Él tiene mucho valor para mí". Mi corazón sintió un gran peso. Yo tuve la oportunidad de decirle a aquel joven que tenía gran valor para Dios, que no tenía que seguir viviendo como lo hacía: derrotado por el enemigo y atrapado bajo un espíritu de angustia. Yo no había obedecido a Dios, y me sentí terriblemente mal.

Le confesé a mi familia: "El Señor habló a mi corazón, pero yo no le obedecí". Salí del auto y regresé a la tienda. Busqué frenéticamente al joven por los pasillos, y una de mis hijas corrió detrás de mí y dijo: "Papi, salió por la otra puerta". Mi corazón volvió a sentir pesar. Cuando salí y me metí en mi auto, Cherise dijo: "Yo sé dónde fue. Fue al siguiente supermercado que hay en la calle.

Yo le dije si creía eso, y ella me dijo: "Te garantizo que lo hizo. Va en un auto Camaro rojo".

Yo dije: "Vamos". ¡Gracias a Dios por las segundas oportunidades!

Fuimos al siguiente supermercado, y mientras cruzábamos el estacionamiento, una de las niñas dijo: "¡Ahí está! ¡Es el Camaro rojo!". Yo estacioné de inmediato, salí del auto y corrí al interior para buscarlo. Sabía exactamente dónde mirar: ¡la sección de cerveza y vino! Ahí estaba él con el carrito lleno a rebosar de latas de cerveza y vino. Lo había puesto justamente en el extremo del pasillo donde pudiera ocultarse tras las cajas y salir con su carga.

¡Pero ese no era el plan de Dios para James! Yo me acerqué a él y dije: "Usted no me conoce, y yo no lo conozco a usted, pero Dios quiere que sepa que tiene usted un gran valor para Él". Él se me quedó mirando fijamente por un momento y dijo: "¿Qué ha dicho?". Yo metí la mano en mi bolsillo, y tenía cuarenta dólares. Al dárselos a él, le dije: "Sé que cuando le dé este dinero, probablemente usted vaya a comprar alcohol con él, pero yo tengo que obedecer a Dios, y Él me dijo que le dijese, señor, que tiene usted un gran valor para Él, y que Él lo ama".

"No puedo creer que esto esté sucediendo", dijo él. "¿Quién es usted?"

"Soy un predicador", dije yo.

"¿Y dónde predica?"

"En Free Chapel, en McEver Road."

Comenzó a temblar y dijo: "Gracias. No puedo, sabe, no puedo dejarlo", dijo al señalar al carrito. "He estado en seis centros de rehabilitación, y no puedo dejarlo."

Una vez más, le dije lo que Dios dijo sobre él. Él se retiró un par de pasos, y yo le pregunté: "¿Está listo para salir caminando de aquí y dejarlo?".

Él me miró seriamente y dijo: "¡Vámonos!".

Salimos al estacionamiento. Las niñas estaban todas sentadas en el auto, orando por aquel joven todo el tiempo que yo había estado hablando con él. El joven salió secándose las lágrimas de sus ojos. Yo le puse mi brazo en el hombro y dije: "Hijo, sólo necesitas pedirle a Jesús que te ayude. Él sabe; Él lo entiende; Él me envió durante esta época de Navidad para decirte que tienes un gran valor".

Todos los demás, incluyendo a James mismo, habían dicho: "Tú no vales nada. Nunca llegarás a nada. Eres un fracaso. Has desperdiciado tu vida". Pero Dios veía las cosas de modo distinto. Oré con James en aquel estacionamiento, y ambos nos despedimos. Lo último que él me dijo fue: "Estaré en su iglesia, pastor". Yo comencé a orar por él cada día. Llegó la Navidad, y pasó. Llegó el día de año nuevo, y pasó. Llevábamos unos días de nuestro ayuno colectivo cuando vi a James caminar hacia mí un domingo en la mañana. Tenía una gran sonrisa en su cara, y dijo: "Le dije que estaría aquí". ¡Comenzamos nuestro año con un milagro!

No importa lo que esté sucediendo en su vida en este momento, puede usted proponerse ayunar y orar para buscar al Dios que lo ve a usted como alguien de gran valor. No crea las mentiras del enemigo. No se hunda más bajo el espíritu de angustia.

Dios tiene un manto de alabanza para usted. Su yugo es fácil, y su carga es ligera. Cuando ayune, comenzará a verse a usted mismo con los ojos de Él.

Para que andéis como es digno del Señor,
agradándole en todo, llevando fruto en toda buena obra,
y creciendo en el conocimiento de Dios;
fortalecidos con todo poder, conforme a la potencia
de su gloria, para toda paciencia y longanimidad;
con gozo dando gracias al Padre que nos hizo aptos
para participar de la herencia de los santos en luz.

—Colosenses 1:10–12

Capítulo 12

AYUNO, FE Y PACIENCIA

D e verdad que no recuerdo en qué curso estaba, pero hicimos un experimento en la escuela primaria que dejó una impresión perdurable en mí, hasta en mis años de adultez. La maestra nos dijo que guardáramos nuestros cartones de la leche del almuerzo para aquel evento especial. Debíamos llevarlos a clase, donde los lavamos y cortamos los extremos. Ella entonces abrió un gran recipiente de tierra con abono para macetas, y pusimos parte en nuestros cartones. Ella nos dio a cada uno un frijol grande y nos dijo cómo plantar la semilla en la tierra, al hacer un pequeño agujero con nuestro dedo y enterrar la semilla. Después de volver a tapar el agujero con la tierra, yo regué la semilla, le puse mi nombre a la caja, y la dejé en la soleada ventana, junto a las de los demás.

Cada día, cuando comenzaba esa clase, yo corría hasta la ventana junto con los demás niños para ver lo que estaba sucediendo con las semillas. No pudimos ver nada hasta el tercer día, cuando un diminuto brote verde comenzó a mostrarse en algunas de las cajas. El sexto día, la mayoría de las cajas tenían brotes verdes, y algunas hasta mostraban hojas, pero no la mía. Durante seis días, yo corrí ansioso hasta la ventana para mirar mi caja. No había otra cosa sino tierra. La regaba como todos los demás; estaba bajo el mismo sol que estaban las demás, pero no salía ningún brote. Yo me preguntaba si mi semilla seguiría estando ahí.

El séptimo día, no pude soportarlo más. Llegué a clase antes que los demás y utilicé mi dedo para cavar en la tierra para ver si mi semilla seguía estando en la caja. La saqué y, en efecto, había comenzado a brotar. Mi maestra entró en ese momento. Cuando ella vio lo que yo había hecho en mis deditos, amablemente me explicó que realmente debería haberla dejado y esperar. Ya que yo había sacado mi semilla de la tierra demasiado pronto, había destruido mi cosecha. Ella tenía razón. Todas las demás semillas crecieron altas y fuertes, y, en poco tiempo, estaban llenas de múltiples vainas de frijoles: muchas más que la semilla que se sembró.

¡NO LA SAQUE!

Aquel experimento de la niñez ha permanecido conmigo por mucho tiempo, porque he aprendido que hacemos lo mismo en nuestra vida espiritual. Obtenemos una palabra del Señor —es solamente una semilla— pero queda plantada profundamente en nuestro corazón: "Dios me va a bendecir. Tengo mucho favor del Señor. Dios ve mi necesidad y la suplirá. Él protegerá a mi familia y salvará a mis seres más queridos". Las montañas que usted afronta parecen muy grandes, pero tome esa diminuta semilla de fe, plántela en esa montaña y espere.

> La fe y la paciencia deben ir juntas.

No pasa mucho tiempo cuando llega la impaciencia. Las montañas parecen aún mayores de lo que eran antes, y su semilla no muestra ningún brote, a pesar de lo que usted haga. Otras personas son bendecidas, pero no sucede nada en la situación de usted. Usted comienza a pensar: "¿Recibí, de verdad, esa palabra de Dios?", como cuando yo me preguntaba si mi semilla seguía en la pequeña caja. Yo sabía que la había plantado y no creía que nadie la hubiera sacado, pero pensaba que seguramente no estaría porque yo no podía ver nada. Uno termina desanimándose. Usted cava con sus dedos y saca su semilla demasiado pronto, destruyendo la promesa.

De igual modo, he oído a personas decir que no podían lograr pasar un día o dos en ayuno porque se desanimaban. Escuchaban a su carne en lugar de continuar en fe y se sentían peor que cuando comenzaron. ¿Qué le sucedió al caminar por fe y no por vista? La fe y la *paciencia* deben ir juntas.

Cuando un hombre llevó a su hijo ante los discípulos para librarlo de ataques, los discípulos no pudieron ayudarlo. Así que llevó al muchacho a Jesús, y pidió al Señor que tuviera misericordia de su hijo. Jesús echó al demonio que atormentaba al muchacho, y fue sanado. Puedo imaginarme cómo los discípulos comenzaron a cuestionarse a sí mismos y los unos a los otros. Después, le preguntaron a Jesús por qué no habían podido echar al demonio. Jesús dijo:

> Porque ustedes tienen tan poca fe —les respondió—. Les aseguro que si tienen fe tan pequeña como un grano de mostaza, podrán decirle a esta montaña: "Trasládate de aquí para allá", y se trasladará. Para ustedes nada será imposible.
>
> —Mateo 17:20, nvi

¡Qué palabras tan poderosas nos dio Jesús! Lo insto a que medite en este pasaje durante un rato y no lo pase como territorio conocido. Las personas que afrontan grandes obstáculos normalmente creen que necesitan "una gran fe" para vencerlos, pero no es eso lo que Jesús dijo: Él dijo que "nada" sería imposible para nosotros: no si tuviéramos una *gran fe*, sino si tuviéramos fe como la semilla más pequeña.

Alguien una vez me envió una semilla de mostaza de Israel. Solamente para poner las cosas en perspectiva, una semilla de frijol es unas cuatrocientas veces mayor que una semilla de mostaza, pero da solamente un pequeño arbusto. Por otro lado, una semilla de mostaza normal solamente tiene un milímetro de diámetro, pero crece hasta llegar a ser un pequeño árbol. Las plantas de mostaza más comunes son perennes, vuelven a crecer año tras año y a desarrollar profundos sistemas de raíces cada estación. Podría usted intentar desarraigar uno de esos pequeños árboles de la tierra, pero lo más probable es que se rompa el tronco, dejando a las raíces en la tierra para regenerar una nueva planta.

¡Ese es el tipo de fe que debemos tener! Jesús puso el énfasis en lo grande que es nuestro Dios, no en lo grande que es nuestra fe. Con solamente una fe diminuta, como una semilla de mostaza, podemos mover montañas, y nada será imposible.

Como cristianos, necesitamos dejar de medir nuestra fe por el tamaño del problema. En cambio, necesitamos comenzar a ver lo grande que es nuestro Dios. Necesitamos plantar esa semilla de fe —sin importar lo pequeña que sea— en cualquier montaña que esté en nuestro camino y creer que se moverá, porque Jesús dijo que así sucedería.

> Necesitamos dejar de medir nuestra fe por el tamaño del problema.

Cuando Pedro trató de caminar sobre el agua, dio solamente unos cuantos pasos porque quitó sus ojos de Jesús y tuvo temor a hundirse.

Cuando comenzó a hundirse, Jesús lo levantó del agua y dijo: "Hombre de poca fe" (Mateo 14:31). Pedro tenía poca fe, porque eso fue lo que tomó para caminar sobre el agua.

Si él pudo hacer eso solamente con una fe pequeña, ¡imagine lo que sucederá cuando esa fe aumente!

RECUERDE LA FE

En el capítulo final del libro de Hebreos, el escritor nos dice: "Acuérdense de sus dirigentes, que les comunicaron la palabra de Dios. Consideren cuál fue el resultado de su estilo de vida, e imiten su fe" (Hebreos 13:7, NVI). Como pregunté anteriormente, si nuestro Señor ayunaba, ¿por qué íbamos a pensar nosotros que no deberíamos ayunar? No hay ningún registro de que Jesús sanara nunca a nadie hasta que regresó de los cuarenta días de ayuno que lanzaron su ministerio terrenal. Jesús dijo que nosotros haríamos cosas aún mayores de las que Él había hecho, porque Él regresaba al Padre. Si Jesús no comenzó a ministrar antes de ayunar, ¿cómo podemos hacerlo nosotros?

A lo largo de la historia de la iglesia cristiana, Dios ha levantado hombres y mujeres que estuvieron dispuestos a dedicar su vida a Él y a buscarlo con diligencia mediante el ayuno y la oración. Esas épocas de ayuno tienen el mérito de lanzar tales avivamientos como el que vio Evan Roberts en Laos, quien ayunó y oró durante trece meses por ese país. Los evangelistas que oraban por los enfermos como John Alexander Dowie, John G. Lake, Maria Woodworth-Etter, Smith Wigglesworth y Kathryn Kuhlman entendieron todos ellos el tremendo poder de la fe en operación a lo largo de sus ministerios.

¿NO SUCEDE NADA?

Puede que haya veces en que esté usted ayunando y orando, y permaneciendo en fe y, sin embargo, sigue sin sentir que nada esté sucediendo. No hay "brote" que se muestre en la tierra. Recuerde la fe de quienes le antecedieron. David dijo: "Pero yo, cuando ellos enfermaron, me vestí de cilicio; afligí con ayuno mi alma, y mi oración se volvía a mi seno. Como por mi compañero, como por mi hermano andaba; como el que trae luto por madre, enlutado me humillaba" (Salmo 35:13–14).

> El Señor recompensará su diligencia.

No permita que el enemigo lo hunda con desánimo. Recuerde: Dios le da el manto de alabanza en lugar del espíritu de angustia. A veces, no tendrá ganas de alabar cuando está ayunando, pero ore de todos modos. Se sorprenderá de cómo Dios se mostrará, y será como si el cielo entero hubiera descendido y la gloria hubiera llenado su alma.

En este mismo Salmo, David aún no había recibido una respuesta a su oración. Sin embargo, él fue capaz de esperar en fe, proclamando las alabanzas de Dios: "Canten y alégrense los que están a favor de mi justa causa, y digan siempre: Sea exaltado Jehová, que ama la paz de su siervo. Y mi lengua hablará de tu justicia y de tu alabanza todo el día" (vv. 27–28). El Señor recompensará su diligencia; su deleite está en la prosperidad —la sanidad— de sus hijos.

Recuerde la fe de Abraham: "la fe la certeza de lo que se espera, la convicción de lo que no se ve" (Hebreos 11:1). Fue esa fe la que le fue contada por justicia: porque él le *creyó* a Dios. Aunque el cuerpo de Abraham estaba muerto, en cuanto a engendrar se refiere, él deseaba tener un hijo propio. Dios lo deseaba aun más, y le dio la promesa no sólo de un hijo, sino también de una descendencia más numerosas que las estrellas del cielo (Génesis 15:4-6).

Cuando usted le cree a Dios, está ejercitando fe, lo cual le agrada a Él. ¿Está usted soñando los sueños de Dios para su vida y su familia? ¿Está usted creyéndole a Él para que esas *cosas* —esos indicios— se hagan realidad?

Mas el que escudriña los corazones sabe cuál es
la intención del Espíritu, porque conforme
a la voluntad de Dios intercede por los santos.
Y sabemos que a los que aman a Dios,
todas las cosas les ayudan a bien, esto es,
a los que conforme a su propósito son llamados.

—Romanos 8:27–28

Capítulo 13

LAS PRIORIDADES DE DIOS

P arece innecesario comenzar este capítulo señalando cómo las prioridades de Dios rara vez son nuestras prioridades. Esa es la diferencia entre la naturaleza del hombre y la naturaleza de Dios. Él hasta así lo dijo: "Mis caminos y mis pensamientos son más altos que los de ustedes; ¡más altos que los cielos sobre la tierra!" (Isaías 55:9, NVI). Por tanto, ¿cómo nos situamos nosotros mismos para oír de Dios? ¿Cómo nos liberamos de nuestros propios deseos a fin de conocer su voluntad? Bien, puedo decirle por experiencia de primera mano que el ayuno hace que tome esa espada de la Palabra de Dios y separe lo que usted "quiere" de lo que usted "necesita".

Procuremos, pues, entrar en aquel reposo, para que ninguno caiga en semejante ejemplo de desobediencia. Porque la palabra de Dios es viva y eficaz, y más cortante que toda espada de dos filos; y penetra hasta partir el alma y el espíritu, las coyunturas y los tuétanos, y discierne los pensamientos y las intenciones del corazón. Y no hay cosa creada que no sea manifiesta en su presencia; antes bien todas las cosas están desnudas y abiertas a los ojos de aquel a quien tenemos que dar cuenta.

—Hebreos 4:11–13

> No hay autoridad más alta que conocer
> el corazón de Dios para una situación
> que esté usted afrontando.

El ayuno, la oración y alimentarse de la Palabra de Dios pone esa espada en su mano y le sitúa a usted para discernir la diferencia entre sus pensamientos y los pensamientos de Dios. No hay autoridad mayor que conocer el corazón de Dios para una situación que esté usted afrontando. ¡Su Palabra es final!

PONERSE EN LA FILA

Imagine vivir solamente a unas puertas de distancia de donde Jesús vivió gran parte de su ministerio terrenal y nunca llegar a rozarse con su mensaje o sus milagros. Cornelio fue un hombre así. Él debió de haber sido un hombre bastante ocupado, porque se perdió por completo el mover de Dios. Lucas nos relata su historia en el libro de Hechos. Comienza: "Había en Cesarea un hombre llamado Cornelio, centurión de la compañía llamada la Italiana, piadoso y temeroso de Dios con toda su casa, y que hacía muchas limosnas al pueblo, y oraba a Dios siempre" (Hechos 10:1–2).

Así que sabemos que aquel hombre italiano generoso, probablemente de tierno corazón, había estado alrededor de la fe judía lo suficiente para creer en su Dios y para orar a Él. Sin embargo, el evangelio de la salvación mediante la sangre de Jesús era un mensaje que solamente había llegado a los judíos, no a los gentiles. Aun así, Cornelio era diligente, y su diligencia es el motivo por el cual quienes no somos de ascendencia judía, podamos clamar el nombre del Señor y ser salvos hoy día.

La Biblia nos dice que alrededor de la hora novena del día, un ángel se le apareció a Cornelio y le dijo que enviara a buscar a Pedro en Jope y escuchara lo que Pedro le diría. Así que fielmente envió a su hombre de más confianza a Jope para que trajese a Pedro con él. Ahora bien, detengámonos aquí y pensemos por un instante. Ahí está un hombre que no es nacido de nuevo, pero está dedicado a Dios; ¿estaba él en su casa viendo un partido en la televisión cuando aquel ángel se le apareció? No creo. Cuando Pedro llegó a su casa, Cornelio dijo: "Hace cuatro días que a esta hora yo estaba en ayunas; y a la hora novena, mientras oraba en mi casa, vi que se puso delante de mí un varón con vestido resplandeciente, y dijo: Cornelio, tu oración ha sido oída, y tus limosnas han sido recordadas delante de Dios" (Hechos 10:30–31).

Cornelio estaba ayunando y orando. Él estaba buscando a Dios con diligencia cuando aquel ángel llegó para decirle que su diligencia estaba a punto de ser grandemente recompensada. Pedro les predicó el evangelio, y "mientras aún hablaba Pedro estas palabras, el Espíritu Santo cayó sobre todos los que oían el discurso. Y los fieles de la circuncisión que habían venido con Pedro se quedaron atónitos de que también sobre los gentiles se derramase el don del Espíritu Santo. Porque los oían que hablaban en lenguas, y que magnificaban a Dios" (vv. 44–46).

Quienes no somos de ascendencia judía podemos dar las gracias a un hombre por ser diligente en buscar al Señor y llevar el mensaje de la cruz a los gentiles. Cornelio daba a los pobres y oraba a menudo, pero era un hombre perdido. El ayuno lo sitúa en la corriente de las prioridades de Dios. Dios estableció prioridades ya en el libro de Génesis. Su principio de las primicias se afirma con claridad:

> Y cuando Jehová te haya metido en la tierra del cananeo, como te ha jurado a ti y a tus padres, y cuando te la hubiere dado, dedicarás a Jehová todo aquel que abriere matriz, y asimismo todo primer nacido de tus animales; los machos serán de Jehová.
> —Éxodo 13:11–12

El ayuno lo sitúa en la corriente
de las prioridades de Dios.

Para mí, este es un pasaje increíble. A lo largo de la Escritura, Dios deja claro que lo primero —las primicias de los rebaños, las primicias de los frutos de la cosecha, los varones primogénitos de las familias— le pertenece todo a Él. El Antiguo Testamento está lleno de tipos y sombras de cosas reveladas en el Nuevo Testamento. Es decir, que Jesús es el Hijo primogénito. Hace dos mil años, ese Cordero sin mancha nos redimió a quienes éramos impuros por el pecado cuando Él ofreció su propia sangre en el altar en el cielo.

SITUARSE EN SENTIDO VERTICAL

Durante diez años y doscientos treinta episodios, la serie de televisión *Friends* se convirtió en un centro de atención para millones de personas en este país. En 1994, los críticos dijeron que ese programa, que trataba de seis amigos solteros que vivían en la ciudad de Nueva York, no era muy entretenido, inteligente u original. El episodio final de ese programa tuvo 52 millones de espectadores. Los críticos que dijeron que no tendría éxito, no tuvieron en cuenta el inmenso vacío de conexión que hay en la cultura estadounidense. Las personas quieren y necesitan estar conectados en relaciones.

Esa necesidad de estar conectado se evidencia en la iglesia mediante grupos de hogar y un mayor énfasis en la comunidad. Aunque eso es bueno, si no tenemos cuidado podemos llegar a estar centrados demasiado de forma horizontal y no lo bastante vertical. La iglesia en la actualidad, en su mayor parte en el mundo occidental, y en particular en Estados Unidos, se trata de *mí*: "Quiero que mis necesidades sean suplidas. Bendíceme;

enséñame; ayúdame". Aunque esos son necesidades y deseos legítimos, debemos tener en mente que la cruz tiene dos brazos: uno es horizontal, pero el otro es vertical.

El ayuno pone sus prioridades más en vertical y más en línea con los deseos de Dios. Es lo que Jesús hizo cuando limpió el templo. Las prioridades se habían vuelto demasiado horizontales.

Y entró Jesús en el templo de Dios, y echó fuera a todos los que vendían y compraban en el templo, y volcó las mesas de los cambistas, y las sillas de los que vendían palomas; y les dijo: Escrito está: Mi casa, casa de oración será llamada; mas vosotros la habéis hecho cueva de ladrones.

—Mateo 21:12–13

Eso no significa que cuando usted ayune no tenga necesidades y deseos concretos propios por los cuales está buscando a Dios. Ciertamente, debería ayunar con un propósito concreto. Sin embargo, yo creo que a medida que continúe un ayuno prolongado, el verdadero clamor de su corazón se convierte en: "Más de ti, Dios, y menos de mí". Cuando pone a Dios en primer lugar, todo lo demás es añadido.

EL ORDEN DE LAS COSAS

Quiero mostrarle varios aspectos clave de la vida que tendemos a no tener en orden. En primer lugar, con frecuencia, perdemos el significado de las palabras de Pablo: "Y el mismo Dios de paz os santifique por completo; y todo vuestro ser, espíritu, alma y cuerpo, sea guardado irreprensible para la venida de nuestro Señor Jesucristo" (1 Tesalonicenses 5:23). Observe que la prioridad de Dios es el interés por su espíritu en primer lugar, por su alma en segundo lugar, y por su cuerpo en tercer lugar. Nosotros entendemos eso completamente al revés, centrándonos siempre en nuestro cuerpo en primer lugar y en nuestro espíritu en último lugar. Nos preocupamos por cosas como: "¿Qué vestiré? ¿Qué comeré? ¿Dónde necesito que me pongan Botox?". Jesús nos dijo que no nos preocupáramos por esas cosas: "¿No es la vida más que el alimento, y el cuerpo más que el vestido?" (Mateo 6:25). Según el principio de Dios de "las primicias", lo que pone usted en primer lugar, ordenará el resto. Cuando pone su espíritu en primer lugar, sirve usted a las cosas del Espíritu Santo, en lugar de a los deseos de la carne. Como resultado, su mente, voluntad, emociones, al igual que su cuerpo físico y su salud, se podrán en línea según la dirección del Espíritu. "Porque si vivís conforme a la carne, moriréis; mas si por el Espíritu hacéis morir las obras de la carne, viviréis" (Romanos 8:13).

PERDÓN

Otra área que con demasiada frecuencia no está orden, tiene que ver con la reconciliación y la adoración pública. Observemos lo que debe ser "primero" según Jesús: "Por tanto, si traes tu ofrenda al altar, y allí te acuerdas de que tu hermano tiene algo contra ti, deja allí tu ofrenda delante del altar, y anda, reconcíliate primero con tu hermano, y entonces ven y presenta tu ofrenda" (Mateo 5:23). Primero, reconciliarse. Dios desea nuestra adoración pública y colectiva. Sin embargo, esos actos públicos de adoración no arreglan nuestros actos privados de peleas, contención y falta de perdón.

> Lo que usted pone en primer lugar, ordenará el resto.

Una vez escuché una historia sobre una mujer que regresó a Georgia para comprar la vieja granja en la que se crió. Su madre y su padre habían fallecido, y la tierra debía ser reclamada. Una de las primeras cosas que ella tuvo que hacer fue contratar a alguien para que limpiara el pozo que su padre había cavado muchos años antes. A lo largo de los años, muchas cosas se habían acumulado en el pozo y habían estropeado el agua. Los trabajadores sacaron un montón de basura acumulada y se lo enseñaron a la mujer, a fin de que les pagara por el trabajo; pero ella dijo: "No. Hay más cosas ahí dentro. Por favor, sigan cavando". Eso sucedió por más de tres días. Finalmente, al final del tercer día, la mujer miró el último montón de basura, juguetes y varios objetos que habían hecho su hogar en el fondo del pozo y dijo: "Han terminado ustedes". Perplejo, uno de los hombres preguntó cómo sabía ella que eso era todo lo que había, y ella respondió: "Porque cuando yo era pequeña y mi papá cavó ese pozo, yo agarré una tetera y la lancé dentro del pozo. Pensé que la primera cosa que entró en ese pozo sería la última que saliera".

El ayuno permite al Espíritu Santo entrar, y al igual que aquellos hombres que cavaron en el pozo, Él puede comenzar a sacar cosas que necesitan salir de su espíritu. Le resultará difícil a usted aceptar la gracia y el perdón del Señor si no ha sacado ya esa "tetera" en su propio corazón. Tiene que sacar esa primera ofensa que almacenó hace años, y, a veces, tendrá que cavar durante mucho tiempo. Pero cuando llegue hasta esa tetera, el río de agua viva puede volver a fluir de usted y refrescar a otros. Esa es la prioridad de Dios.

VASOS SUCIOS

¿Qué más espera el Señor que pongamos en primer lugar? En palabras de Jesús: "¡Ay de vosotros, escribas y fariseos, hipócritas! porque limpiáis lo de fuera del vaso y del plato, pero por dentro estáis llenos de robo y de injusticia. ¡Fariseo ciego! Limpia primero lo de dentro del vaso y del plato, para que también lo de fuera sea limpio" (Mateo 23:25–26). Jesús estaba enseñando a la gente a obedecer las leyes de Dios que enseñaban los fariseos, pero le dijo a la multitud que no hicieran lo que los fariseos hacían. Ellos se habían vuelto locos con el legalismo, y, en sus extremismos, habían desordenado las cosas. Por ejemplo, ellos limpiaban un bonito vaso por fuera, pero el interior seguía lleno de la porquería que no habían limpiado.

Esté usted hablando de su vida o de su vaso, en primer lugar limpie el interior, porque eso hace que todo el resto esté más presentable. El ayuno lo hará sacar la porquería y limpiar el interior, lo cual entonces hará que lo de fuera esté limpio.

¿ALGO EN SU OJO?

Otro "primero" se encuentra en Mateo capítulo 7:

> No juzguéis, para que no seáis juzgados. Porque con el juicio con que juzgáis, seréis juzgados, y con la medida con que medís, os será medido. ¿Y por qué miras la paja que está en el ojo de tu hermano, y no echas de ver la viga que está en tu propio ojo? ¿O cómo dirás a tu hermano: Déjame sacar la paja de tu ojo, y he aquí la viga en el ojo tuyo? ¡Hipócrita! Saca primero la viga de tu propio ojo, y entonces verás bien para sacar la paja del ojo de tu hermano.
>
> —Mateo 7:1–5

Antes de estar preparado para percibir el mal en la vida de otra persona, en primer lugar tiene que hacer usted un poco de autoexamen de su propia vida. Está usted preocupado por una diminuta mota en el ojo del otro cuando tiene usted un poste de teléfono en el suyo. Hipocresía es juzgar a otra persona cuando hay algo peor sucediendo en usted. Nuestra actitud y estilo de vida deberían ser como Pablo enseñó a la iglesia en Galacia:

> Hermanos, si alguno fuere sorprendido en alguna falta, vosotros que sois espirituales, restauradle con espíritu

de mansedumbre, considerándote a ti mismo, no sea que tú también seas tentado. Sobrellevad los unos las cargas de los otros, y cumplid así la ley de Cristo. Porque el que se cree ser algo, no siendo nada, a sí mismo se engaña.

—Gálatas 6:1–3

La palabra *restaurar* que se usa aquí viene de un término médico griego que significa colocar, como uno colocaría un hombro que se ha salido de su articulación. A veces necesitamos recordar que alguien puede que esté fuera de la articulación, pero no está fuera del Cuerpo de Cristo. Cuando los santos se descolocan, necesitan manos tiernas; necesitan manos entrenadas para colocarlos y restaurarlos.

PRIMERAMENTE EL REINO

He hablado ya de esto brevemente, pero esta es otra área que los cristianos tienden a desordenar. Jesús dijo: "Así que no se preocupen diciendo: '¿Qué comeremos?' o '¿Qué beberemos?' o '¿Con qué nos vestiremos?' Porque los paganos andan tras todas estas cosas, y el Padre celestial sabe que ustedes las necesitan. Más bien, busquen primeramente el reino de Dios y su justicia, y todas estas cosas les serán añadidas" (Mateo 6:31–33, NVI). Una vez más, el ayuno le ayuda a distinguir entre lo que usted quiere y lo que realmente necesita. Cuando escoge no preocuparse por esas cosas y buscarlo primeramente a Él, está demostrando el tipo de fe que es agradable a Dios, porque está confiando en que Él le dé también todas las cosas que usted necesita.

Si la pobreza ha matado a sus miles, la prosperidad ha matado a sus diez miles. Todos necesitamos prestar atención a las palabras de Jesús: "Mirad también por vosotros mismos, que vuestros corazones no se carguen de glotonería y embriaguez y de los afanes de esta vida" (Lucas 21:34).

PRIMER AMOR

¿Qué respondería usted si el Señor le preguntase si recuerda la última vez que estuvo enfermo de amor por Él? Yo comencé a meditar en esta pregunta recientemente. Pensé otra vez en la época en que Cherise y yo salíamos juntos. Estábamos profundamente enamorados y queríamos pasar cada instante juntos; probablemente fuera algo bueno que nuestros padres no nos dejaran hacerlo, porque seguramente nos habríamos muerto de hambre. Durante la mayor parte del tiempo, dondequiera que salíamos a comer terminábamos dando unos tres bocados a la comida porque estábamos absortos el uno en el otro. Sé que eso suena un poco bobo, pero siga conmigo, pues voy a llegar a algo. No puedo decirle el dinero que desperdicié en comidas, simplemente porque nuestro deseo de hablar y pasar tiempo el uno con el otro era mayor que nuestro deseo de comer. Estábamos "enfermos de amor". Cuando pensaba en eso, lo entendí. Eso es lo que el Señor siente cuando ayunamos. Cuando estamos tan enfermos de amor por nuestro primer amor, ayunar es fácil.

> ¿"Recuerda la última vez que estuvo enfermo de amor por Dios?

Por tanto, le pregunto: ¿recuerda la última vez que salió de una comida porque estaba tan preocupado por su primer amor que la comida no tenía ningún interés? ¿Ha experimentado periodos en que sentía como si el Novio estuviera distante? Simplemente usted no siente su presencia tan cerca como antes. No tiene ánimos para adorar y carece de la emoción y del infantil entusiasmo que una vez tuvo por las cosas espirituales. Quizá sea el momento de detener el ajetreo de su vida cotidiana y declarar un ayuno, un periodo de estar enfermo de amor para restaurar la pasión de su primer amor y ponerla de nuevo en su lugar adecuado en su vida. Cuando usted ayuna, todo se calma. El día parece más largo; las noches parecen más largas, pero en la quietud de la búsqueda encontrará a Aquel a quien su corazón desea.

Andad alrededor de Sion, y rodeadla;
Contad sus torres.
Considerad atentamente su antemuro,
Mirad sus palacios;
Para que lo contéis a la generación venidera.

Porque este Dios es Dios nuestro eternamente y para siempre;
El nos guiará aun más allá de la muerte.

—Salmo 48:12–14

POR LOS PEQUEÑOS

Hay otra prioridad muy importante en la agenda de Dios, y para esta he necesitado un capítulo entero. Dios ve mucho más allá de lo que nuestras mentes limitadas pueden abarcar. En su mayor parte, siempre que oímos las palabras de Josué: "Pero yo y mi casa serviremos a Jehová" (Josué 24:15), pensamos en nuestros cónyuges, nuestros hijos, y quizá en nuestros nietos. Dios ve generaciones.

En los ayunos colectivos más recientes en Free Chapel, el Señor ha puesto en mi corazón este pasaje del libro de Esdras:

> Y publiqué ayuno allí junto al río Ahava, para afligirnos delante de nuestro Dios, para solicitar de él camino derecho para nosotros, y para nuestros niños, y para todos nuestros bienes. Porque tuve vergüenza de pedir al rey tropa y gente de a caballo que nos defendiesen del enemigo en el camino; porque habíamos hablado al rey, diciendo: La mano de nuestro Dios es para bien sobre todos los que le buscan; mas su poder y su furor contra todos los que le abandonan. Ayunamos, pues, y pedimos a nuestro Dios sobre esto, y él nos fue propicio.
> —Esdras 8:21–23

Después de setenta años de cautividad en Babilonia, Esdras estaba a punto de guiar al remanente de Israel —una generación entera de jóvenes que nunca habían visto el templo de Jerusalén, incluyendo a algunos niños muy pequeños— de regreso a la Tierra Santa. Iba a ser un peligroso viaje de regreso, pero ellos habían presumido de la poderosa mano de protección de Dios antes de salir, así que tenían que actuar en fe y creer sus propias palabras. Asentados al lado del río, Esdras proclamó un ayuno a fin de que el pueblo se humillara delante de Dios y buscara su rostro. Ellos necesitaban saber el camino que deberían tomar, por su protección y por la protección de sus pequeños.

> Ayunamos porque necesitamos conocer
> el camino correcto para nuestras vidas.

Ayunamos porque necesitamos saber cuál es el camino correcto para nuestras vidas. No necesitamos ser confundidos con respecto a nuestro futuro o las elecciones que se nos presentan. Ayune, busque el rostro de Dios, y tenga fe en que Él le guiará. ¿Debería aceptar ese nuevo empleo? ¿Debería casarse con ella? ¿Debería casarse con él? Es bíblico ayunar y buscar a Dios para obtener la dirección correcta para su vida. Se encuentran ejemplos en Jueces 20:26 (Israel buscando saber si debería entrar en batalla contra la tribu de Benjamín), 1 Samuel 7:6 (buscando a Dios en Mizpa por perdón y protección contra el ejército filisteo), y 2 Crónicas 20:3 (Josafat preguntando por el ejército que estaba a punto de atacar).

También ayunamos por nuestros pequeños. Yo no había observado la ternura que hay en ese lenguaje antes. Normalmente se supone que había niños con los peregrinos; pero aquí, Esdras ve mucha promesa, mucho potencial, y un grave peligro para la siguiente generación. Era tentador pedir que un ejército fuese con ellos; quizá Esdras recordaba el viejo canto de David:

Ahora sé que el Señor salvará a su ungido,
que le responderá desde su santo cielo
y con su poder le dará grandes victorias.
Éstos confían en sus carros de guerra,
aquéllos confían en sus corceles,
pero nosotros confiamos en el nombre
del Señor nuestro Dios.
Ellos son vencidos y caen,
pero nosotros nos erguimos y de pie permanecemos.

—Salmo 20:6–8

Unos versículos más adelante, vemos que Dios oyó y respondió sus oraciones. ¡El ayuno junto con la oración parece abrir una frecuencia diferente en el oído de Dios! Esdras registró que después dejaran el río Ahava después de doce días para dirigirse a Jerusalén; también testificó: "Durante todo el trayecto Dios nos acompañó y nos libró de enemigos y asaltantes" (Esdras 8:31, NVI). La mano de Dios estaba sobre ellos, ¡su diestra los protegía a ellos y a sus pequeños!

QUIENES NO SE RUBORIZAN

Hoy día, si es que hemos perdido alguna cosa en este país, hemos perdido el camino *correcto*. Sin embargo, le pregunto: ¿quién está ayunando por la protección de nuestros pequeños en esta época?

En la actualidad, el ayuno casi ha desaparecido de la disciplina cristiana regular. Tenemos más disponibilidad para predicar en los medios de comunicación que nunca antes y, sin embargo, rara vez se predica acerca del pecado y el arrepentimiento.

Hoy día, nuestros pequeños están expuestos a todo tipo de perversión y peligro solamente con pulsar un botón: sea la televisión, la Internet, teléfonos celulares, o sencillamente un paseo por el centro comercial.

Hoy día, las palabras del profeta lloroso, Jeremías, me causan un nudo en la garganta cuando las leo en voz alta. Hablando de una generación pecadora, el Señor dijo:

¿Acaso se han avergonzado
de la abominación que han cometido?
¡No, no se han avergonzado de nada,
ni saben siquiera lo que es la vergüenza!
Por eso, caerán con los que caigan;
cuando los castigue, serán derribados.

—Jeremías 6:15

¡Nuestra única gloria está en Dios!

En una época en que la experimentación gay y lesbiana es considerada normal en las universidades, en la que se hace un guiño al sexo oral y todo tipo de perversión imaginable (los jóvenes llaman a eso ahora "virginidad técnica"), en la que las aventuras sexuales antes y después del matrimonio son totalmente aceptables, nuestros pequeños están situados para ser una generación que no se ruboriza. Ya se están familiarizando tanto con el pecado, que cuando ven suciedad indecorosa, se ríen cuando deberían, por el contrario, sonrojarse y alejarse.

Hay un enemigo que está llevando cautivas a generaciones completas en Estados Unidos en la actualidad; su tenaza aprieta cada vez más, y alcanza cada vez más lejos. Estamos detenidos en los caminos. "Deténganse en los caminos y miren; pregunten por los senderos antiguos. Pregunten por el buen camino, y no se aparten de él. Así hallarán el descanso anhelado. Pero ellos dijeron: No lo seguiremos" (Jeremías 6:16, NVI).

Tenemos la oportunidad de detenernos como Esdras, de declarar un ayuno santo por nuestros hijos (Esdras 8:21), y de buscar al Señor para seguir el camino correcto para conducir a esta generación. Desde que hemos estado ayunando en Free Chapel, ya estamos viendo la mano de Dios guiándonos. Mi hija mayor, Courteney, hizo el ayuno completo de veintiún días este año. Ella está en la secundaria y es muy consciente de su propia salvación y de los tiempos en que vivimos. Yo creo que, como resultado del ayuno, ella acudió a mí recientemente con urgencia en su corazón y me dijo: "Papá, yo amo a Dios pero sigo sin saber cuál es su plan para mí. No sé quién soy, y no sé lo que Dios quiere que yo haga".

> **Necesitamos aprender a confiar en la fiabilidad de la Escritura cuando las cosas se vuelven una locura.**

Necesitamos aprender a confiar en la fiabilidad de la Escritura cuando las cosas se vuelven una locura. Las promesas de Dios son sus "indicadores" cuando arrecia la tormenta de la vida. Un hombre en nuestra iglesia es piloto, y a veces me permite volar con él, y me ha enseñado unas cuantas cosas sobre el vuelo. Lo más crucial es entrenarse a uno mismo para confiar en los que los indicadores del avión dicen. Cuando se pilota un avión pequeño y entra en una tormenta, ese avión es movido en todas direcciones, y uno no puede confiar en lo que siente. El equilibrio se desequilibra, y uno no sabe si está volando boca abajo. Lo único que le hará atravesar la tormenta con seguridad es confiar en los indicadores: confiar en las Escrituras.

Es humillante cerrar su mente a lo que la sabiduría y la perspectiva del mundo dicen que es correcto y poner su confianza en unos cuantos indicadores digitales que están en el avión, pero en eso hay una lección. Santiago dijo:

> Pero él nos da mayor ayuda con su gracia. Por eso dice la Escritura: Dios se opone a los orgullosos, pero da gracia a los humildes.
>
> Así que sométanse a Dios. Resistan al diablo, y él huirá de ustedes. Acérquense a Dios, y él se acercará a

ustedes. ¡Pecadores, límpiense las manos! ¡Ustedes los inconstantes, purifiquen su corazón! Reconozcan sus miserias, lloren y laméntense. Que su risa se convierta en llanto, y su alegría en tristeza. Humíllense delante del Señor, y él los exaltará.

—Santiago 4:6–10, NVI

Daniel se humilló a sí mismo delante del Señor. Ayunó y oró por tres semanas, y un ángel acudió a él y dijo: "Entonces me dijo: 'No tengas miedo, Daniel. Tu petición fue escuchada desde el primer día en que te propusiste ganar entendimiento y humillarte ante tu Dios. En respuesta a ella estoy aquí'" (Daniel 10:12, NVI).

Quiero que comprenda que usted no está "retorciéndole el brazo a Dios" cuando hace un ayuno; no va a hacer que Dios haga nada que Él no quiera hacer. Lo que en realidad está usted haciendo es ponerse en posición y preparando su corazón para lo que vendrá. Si está dispuesto a buscarlo a Él, Él estará dispuesto a dar.

> Cada vez que usted ayuna, es un golpe contra el infierno.

Siempre que usted ayuna, es un golpe contra el infierno. El ayuno es una afirmación radical a la cara para el diablo: ese mismo engañador que utilizó la comida para tentar a Adán y Eva a pecar. Gandi era un humilde líder indio que fue en contra del Imperio Británico por la libertad de su país. No luchó contra ellos con violencia; simplemente dio un golpe de hambre, y la atención del mundo se vio atraída hacia su grave situación.

Cuando ayunamos, en efecto estamos dando un golpe contra el infierno para decir: "Suelta a quienes están atados por el engaño, las mentiras, el alcohol, las drogas, la pornografía, la falsa religión y demás".

Un domingo en la mañana, cuando llegué a Free Chapel, una fiel mujer de nuestra congregación se acercó a mí en la puerta. Ella había estado ayunando por veintiún días y tenía una historia maravillosa. Comenzó:

"Mi esposo y yo oramos durante el ayuno para centrarnos en las personas no salvas de nuestra familia. Tengo dos sobrinas de dieciséis y catorce años de edad, y un hermano de setenta años: todos ellos budistas practicantes. Mi sobrina de dieciséis años ha aceptado a Jesús como su Salvador, y cuando llevábamos ayunando unos diez días, mi sobrina de catorce años fue salva. No solo eso, sino que ayer hablé con mi hermano, y él me dijo que ha aceptado a Jesús como su Salvador, ¡y eso es un milagro!".

Otra señora compartió este testimonio con la congregación:

"Creo que hace unas seis semanas les di los nombres de mis hijos y les pedí que orasen por ellos porque ninguno era salvo. Mi hijo mayor tiene veintiséis años, y los otros tienen veinte, dieciocho y trece años. El de veintiséis años decidió hace dos semanas que se iba a trasladar a Texas a vivir con mi hermana y su esposo porque él tenía una oferta de trabajo que surgió de repente.

Después de que me aconsejara sobre esto, pastor, decidí ponerlo en manos del Señor sucediera lo que sucediera. Cuando él llegó a Texas me llamó y me dijo: 'Mamá, tía Angela (mi hermana) me dijo que si me iba a quedar con ellos y vivir con ellos, tenía que levantarme y asistir a la iglesia con ellos cada domingo'.

Yo alejé un poco el auricular y dije: '¡Aleluya'. Y le dije a él: 'Entonces vé, hijo', y él dijo que lo haría. Su iglesia es una iglesia pequeña que cree en la Biblia, y él comenzó a asistir con ellos y me llamó una semana después. Me preguntó: 'Mamá, ¿vendrás para Navidad?', y yo le dije que iría a verlo. Él me dijo: '¿Me puedes traer una Biblia para Navidad?', y yo le dije que sí y le pregunté qué significaba eso. Mi hijo respondió: 'Mamá, ¡soy salvo!'. Algo que tienen que saber es que mi hijo mayor ha sido una figura masculina muy fuerte en casa. Los demás niños realmente se fijan en él, y con su salvación, ellos le han estado llamando preguntándole cosas y confiándole cosas que no me dirían a mí. Así que realmente siento que mis otros hijos van a acudir al Señor antes de que este año termine".

Una mujer de San Antonio escribió para decirnos:

Mi hermana, mi sobrino y yo nos unimos a usted y a su iglesia en el ayuno de veintiún días este año por primera vez. Estoy viendo la mano de Dios sobre mí y mi familia. Las cosas están cambiando, moviéndose como nunca antes. Vi a mi hijo sobrio y lúcido por primera vez en muchos años (tiene treinta y cinco). Dios les bendiga a usted y a su iglesia por ser obedientes al Señor.

Esta siguiente historia la compartió una preciosa pareja que forma parte de nuestro personal en Free Chapel. El esposo dice:

Cuando aún éramos novios, el doctor de mi esposa le dijo que probablemente nunca tendría hijos debido a algunos problemas que los medicamentos no mejorarían. Su médico le dio una baja posibilidad de que las cosas fueran a cambiar. Poco después de casarnos, nos mudamos a Gainesville, y formábamos parte del personal de Free Chapel cuando oímos por primera vez el mensaje del ayuno de veintiún días del pastor Franklin. Su mensaje alentaba a todos a creer que habría cuatro recompensas durante el ayuno, una de las cuales era la sanidad física. Cada mañana, tomábamos la comunión y orábamos según el enfoque del ayuno. El último día del ayuno hubo un servicio de celebración en el que todos interrumpiríamos juntos el ayuno. Mi esposa se había estado sintiendo cansada, y solamente por hacerlo, se hizo la prueba de embarazo. En efecto, ¡estaba embarazada!

Bromeamos sobre que no estábamos probando ni siquiera pidiendo señales y milagros, pero Dios envió una maravillosa confirmación de nuestra fe el día final de nuestro sacrificio a Él. De repente, ahí estaba ese vientre que los doctores decían que nunca existiría. Nuestro ginecólogo era cristiano, y él solía bromear con nosotros durante nuestras visitas mensuales. Otro de los chequeos decía: medidas perfectas, subida de peso perfecta. Lo que es más, mi esposa nunca sintió angustia durante su embarazo y nunca tuvo ninguna complicación. Caden estaba tan cómodo que en realidad se retrasó una semana.

Después de empujar cinco veces y media hora de parto, nació un sano bebé. Caden ha estado en el 95 percentil para su peso y altura desde que nació, y todo eso de una madre que mide cinco pies y dos pugladas de estatura y solo pesa ciento cinco libras. Nuestro hijo aún no ha estado enfermo, no se ha roto ningún hueso ni ha terminado en el hospital por tener dolor de oídos. Caden también nació el día de mi cumpleaños, una coincidencia bastante bonita, y cumplirá cuatro años este octubre.

Es momento de que los padres se levanten como Esdras y ayunen, buscando a Dios para ver cuál es su buen camino y por su protección sobre esta generación. Nuestros pequeños están esperando.

Porque la palabra de Dios es viva y eficaz,
y más cortante que toda espada de dos filos;
y penetra hasta partir el alma y el espíritu,
las coyunturas y los tuétanos, y discierne
los pensamientos y las intenciones del corazón.

—Hebreos 4:12

Capítulo 15

¿ESTÁ SU ESPADA LO BASTANTE AFILADA?

¿Puede imaginarse tener una larga conversación no sólo con un ángel, sino con uno de los ángeles de Dios de más elevado rango? Suponga que ese ángel le visitara y le hablara de reinos que se levantarían y caerían en años futuros, y le explicara qué principados manipularían a esos líderes y cómo se formarían alianzas y se romperían cuando nuevos reyes llegaran al poder. Yo estaría dispuesto a renunciar durante unas cuantas semanas a mis platos favoritos a fin de tener mi espíritu lo bastante abierto para recibir una visita así.

Desde luego, estoy hablando de Daniel, el fiel hombre de Dios que estuvo cautivo en Babilonia la mayor parte de su vida. Después de que Nabucodonosor sitiara Jerusalén y se llevara a los cautivos a Babilonia, hizo apartar a los mejores y más brillantes jóvenes. Ellos debían ser formados durante tres años en las costumbres de los caldeos para llegar a ser finalmente sus asistentes personales. Daniel estaba entre los elegidos, junto con sus tres amigos a quienes hemos llegado a conocer por sus nombres babilonios: Sadrac, Mesac y Abed-nego. Desde un principio, Daniel y sus amigos se apartaron de los otros al negarse a contaminarse con los alimentos que les servían a la mesa del rey.

Observe que simplemente por dar ese paso, "puso Dios a Daniel en gracia y en buena voluntad con el jefe de los eunucos"

(Daniel 1:9). Daniel explicó que él y sus amigos estarían en mejor forma después de diez días comiendo solamente verduras y bebiendo solamente agua que los otros que comían los manjares del rey. El supervisor siguió dándoles solamente las verduras y agua que ellos pidieron:

"A estos cuatro muchachos Dios les dio conocimiento e inteligencia en todas las letras y ciencias; y Daniel tuvo entendimiento en toda visión y sueños".

—Daniel 1:17

Es hora de que nos apartemos para buscar al Señor y hallar conocimiento.

Daniel fue elevado a puestos de gran responsabilidad dentro del reino de Babilonia, aún bajo distintos gobernantes. En el capítulo 10, Daniel, que entonces estaba cercano a los noventa años de edad, recibió un mensaje de gran conflicto y una visión, y él entendió ambos. Aparentemente turbado, registró:

"En aquellos días yo Daniel estuve afligido por espacio de tres semanas. No comí manjar delicado, ni entró en mi boca carne ni vino, ni me ungí con ungüento, hasta que se cumplieron las tres semanas".

—Daniel 10:2–3

La palabra hebrea utilizada aquí para "manjar delicado" es *lechem*, o panes. Así que durante veintiún días, Daniel ayunó de todo tipo de dulces, panes y carnes, y bebió solamente agua.

Fue poco después de ese ayuno cuando tuvo lugar el encuentro de Daniel con el ángel de Dios junto al río Tigris. Observemos algo muy alentador en lo que el ángel le dijo a Daniel: sus

oraciones habían sido oídas en el cielo desde el primer día en que
él comenzó a ayunar (Daniel 10:12). La única razón de que el
ángel no se le hubiera aparecido a Daniel antes fue porque estaba luchando con el principado de Persia (Irán en la actualidad).

SOSO, PERO CÓMODO

De los muchos tipos diferentes de ayuno que son aceptables, el
que ha llegado a denominarse el ayuno de Daniel probablemente sea uno de los más comunes, y por una buena razón. Es uno
de los ayunos personales registrados en la Biblia que trajo con él
un gran favor del Señor. Por veintiún días, usted come solamente
verduras y fruta y bebe solamente agua. Ningún refresco, hamburguesas, carnes, dulces o pan.

En los tiempos en que ahora vivimos—cuando el enemigo
está llevando cautiva a nuestra juventud al pecado a un ritmo
alarmante, cuando actos de terrorismo iraquí reclaman cientos
de vidas, y cuando la perversión está en alturas nunca iguala-
das—, como Daniel, es hora de que nos apartemos para buscar
al Señor y hallar comprensión. Pablo dijo:

> Por último, fortalézcanse con el gran poder del Señor.
> Pónganse toda la armadura de Dios para que puedan
> hacer frente a las artimañas del diablo. Porque nuestra
> lucha no es contra seres humanos, sino contra poderes,
> contra autoridades, contra potestades que dominan este
> mundo de tinieblas, contra fuerzas espirituales malignas
> en las regiones celestiales. Por lo tanto, pónganse toda la
> armadura de Dios, para que cuando llegue el día malo
> puedan resistir hasta el fin con firmeza. Manténganse
> firmes, ceñidos con el cinturón de la verdad, protegidos
> por la coraza de justicia, y calzados con la disposición
> de proclamar el evangelio de la paz. Además de todo
> esto, tomen el escudo de la fe, con el cual pueden apa-
> gar todas las flechas encendidas del maligno. Tomen

el casco de la salvación y la espada del Espíritu, que es la palabra de Dios.

—Efesios 6:10–17, NVI

¿Ha visto alguna vez a un militar tratando de meterse en su uniforme treinta años después? Normalmente, ni siquiera logrará abrocharse los botones de la chaqueta. Cuando es usted soldado, se mantiene en forma, sano, alerta y preparado. Pablo dijo que deberíamos vivir de esa manera porque los días son malos. El enemigo anda alrededor esperando atacar. Al igual que el ángel le dijo a Daniel, principados de naciones se levantan para batallar, pero vivimos como militares retirados, engordando y estando cómodos.

Moisés ayunaba. Elías ayunó durante cuarenta días. Pablo ayunó catorce días. Jesús ayunó cuarenta días. Si los hijos de Dios no ayunan, ¿cómo podremos ponernos la armadura de Dios? ¿Cómo blandiremos con eficacia la espada del Espíritu?

Quiero que comprenda algo: el ayuno y la oración afilan la espada, que es la Palabra de Dios. Cuando usted ayuna, los tiempos de la comida con frecuencia se convierten en tiempos de estudio. Usted está más sintonizado en la Palabra de Dios, y Dios comienza a mostrarle verdades más profundas. No fue después de terminarse una bolsa de rosquillas cubiertas de chocolate cuando Daniel recibió la visita del ángel. Daniel comenzó a entender las verdades de Dios después de haber estado ayunando y a solas con Él.

> Cuando usted ayuna y ora, afila eficazmente la Palabra en su boca.

Muchos cristianos sencillamente han dejado la lucha por completo porque han recibido golpes y arañazos, o porque utilizan lentas espadas para batallar con las potestades demoníacas. Cuando usted ayuna y ora, afila eficazmente la Palabra en su boca. En lugar de citar con ligereza las Escrituras, ahora blande una potente arma que tiene una hoja afilada que ataca y reduce al enemigo cuando usted habla.

Sorprendente, ¿no es cierto? Simplemente al saltarse algunas comidas y disponer su corazón a obtener entendimiento al estudiar la Palabra de Dios, agrada usted a Dios, libera belleza en lugar de cenizas y gozo en lugar de lamento, y el manto de alabanza derrota al espíritu de angustia. Su alabanza sale y dispersa al enemigo, usted desarrolla paciencia, se alinea con las prioridades de Dios, libera a mensajeros angélicos, y encuentra el camino correcto de Dios para usted y protección para sus pequeños. ¿Cuándo vamos a recuperar el dominio del rey Estómago y a buscar con diligencia el reino de Dios de esta manera?

ESTADOS UNIDOS COMO NÍNIVE

Estados Unidos ha pecado grandemente contra Dios mediante el aborto, la homosexualidad, el adulterio, la desenfrenada pornografía y la fornicación. No tenemos temor de Dios, y Estados Unidos se está convirtiendo con rapidez en un país pagano. Nuestra única esperanza es humillarnos en ayuno y oración.

Nínive era una ciudad estupenda. De hecho, la Biblia afirma que era tan vasta que se necesitaban tres días solamente para hacer un tour. Los historiadores dicen que Nínive tenía muros de 30 metros altura con torres de vigilancia que se extendían otros 30 metros. Los muros eran tan anchos que podían correr carros sobre ellos. Rodeando la ciudad de unos 120,000 habitantes, había un vasto foso de 45 metros de anchura y 18 metros de profundidad. Nínive era orgullosa, fuerte e inexpugnable. Y si algún ejército extranjero quería sitiarla o trataba de rodearla y aislarla, ellos tenían suficientes provisiones para aguantar al menos veinte años. Pero Nínive estaba llena de pecado.

Quiero detenerme aquí un momento y destacar algo. Estoy seguro que no todas las personas de Nínive pecaban. Había niños, y probablemente muchas personas decentes y temerosas de Dios, ¿pero recuerda lo que sucedió en la batalla de Hai? Josué y el pueblo de Israel acababan de derrotar a Jericó, sin embargo, un hombre tomó las cosas sagradas que estaban dedicadas a Dios y las ocultó entre sus propias pertenencias. Cuando Josué buscó al Señor tras aquel destructor golpe por parte de una ciudad tan diminuta, Dios dijo: "Israel ha pecado" (Josué 7:11). Solamente un hombre tomó las cosas dedicadas, pero llevó el pecado a todo el campamento; él fue apedreado junto con su esposa y sus hijos.

El ayuno de Daniel y la visita del ángel están registrados en Daniel 10. A lo largo del capítulo 9 Daniel clama al Señor por Israel, diciendo una y otra vez: "Hemos pecado, hemos cometido iniquidad, hemos hecho impíamente, y hemos sido rebeldes (v. 5). Daniel se identificó con el pecado de su nación, aunque no vemos ningún pecado que Daniel mismo hubiera cometido.

Dios envió a Jonás a predicar arrepentimiento a Nínive. Él proclamó: "De aquí a cuarenta días Nínive será destruida" (Jonás 3:4). Es muy posible que la gente de Nínive entendiera algo de lo poderoso que era el Dios de Israel, porque se llenaron de temor ante esas palabras y las creyeron. Ellos declararon un ayuno, y el rey hasta emitió un decreto diciendo que ningún hombre ni animal debía probar la comida ni el agua. Sin ninguna garantía, él pensó que al humillarse de esa manera, "¿Quién sabe si se volverá y se arrepentirá Dios, y se apartará del ardor de su ira, y no pereceremos?" (v. 9).

Dios sí apartó su ira y salvó la ciudad, pero ellos una vez más dejaron de buscar al Señor. Unos cien años después, el profeta Nahum profetizó juicio sobre aquella ciudad:

"Pero acerca de ti, Nínive, el Señor ha decretado: No tendrás más hijos que perpetúen tu nombre; extirparé

de la casa de tus dioses las imágenes talladas y los ídolos fundidos. Te voy a preparar una tumba, porque
eres una infame".

—Nahum 1:14, NVI

Estados Unidos ha tenido sus épocas y periodos. Estados Unidos es un país lleno de fe y temeroso de Dios, jurando lealtad a
nuestro país con las palabras: "Una nación, bajo Dios, indivisi-
ble…". Escogimos estampar nuestras monedas y billetes con las
palabras: "En Dios confiamos", a fin de ponernos aparte como
nación que honraba a Dios con nuestras finanzas y nuestras vidas.
Más de un fogoso evangelista ha traído a nuestro país el mensaje
de arrepentimiento: Charles Finney, Dwight L. Moody, Jonathan
Edwards, John Wesley, Billy Sunday, William Booth, y, desde
luego, Billy Graham, solo por nombrar unos cuantos. Muchas
olas de avivamiento han barrido nuestro país. Dios es misericor-
dioso para enviar muchos Jonás para darnos la oportunidad de
ayunar, orar y arrepentirnos, ¿pero cuánto tiempo esperará Él?
¿Cuándo se levantará un Nahum y profetizará el pronto juicio
de un enojado Dios sobre Estados Unidos?

> **¡Él oyó a Daniel desde el primer día!**

Vivimos en días importantes y tiempos importantes. Este
libro contiene múltiples testimonios de personas que han recibido tremendas recompensas y bendiciones personales en unos
cuantos años porque hicieron equipo con una iglesia, un ministerio aquí en Estados Unidos, que ayuna y ora colectivamente.
Afortunadamente, hay iglesias en todo el país que están llegando
a entender la importancia de que ayunemos y nos humillemos
delante de Dios.

Podemos humillarnos, y orar, y buscar el rostro de Dios, y esperar que Él oiga desde el cielo y sane nuestra tierra (2 Crónicas 7:14). ¡Él oyó a Daniel desde el primer día!

YOM KIPPUR

Yom Kippur quizá sea el día santo más celebrado en el calendario judío. Con el significado de "Día de Expiación", fue establecido por Dios para Israel:

> Y esto tendréis por estatuto perpetuo: En el mes séptimo, a los diez días del mes, afligiréis vuestras almas, y ninguna obra haréis, ni el natural ni el extranjero que mora entre vosotros. Porque en este día se hará expiación por vosotros, y seréis limpios de todos vuestros pecados delante de Jehová.
>
> —Levítico 16:29–30

Observe otra vez la palabra *afligir*, que significa ayunar. Hasta los judíos que normalmente no guardan ninguna otra fiesta judía con frecuencia participarán en Yom Kippur ayunando, asistiendo a la sinagoga y absteniéndose de trabajar para expiar los pecados cometidos contra Dios. Yom Kippur, o Día de Expiación, es el día final o "apelación" a Dios por expiación, que está precedida por diez días de respeto que se emplean en reflexión sobre la vida y los pecados de uno.

Fue en Yom Kippur en el año 1963 cuando los países de Egipto, Jordania y Siria se aliaron para atacar a Israel y borrar del mapa el país. Todo Israel había estado ayunando y arrepintiéndose de pecados delante de Dios durante veinticuatro horas. Los enemigos aliados de Israel eligieron el día equivocado para atacar.

La historia registra que los soldados literalmente salían corriendo de las sinagogas a las primeras líneas del frente, sin haber comido nada durante veinticuatro horas. Al principio, la batalla iba a favor de los ejércitos árabes que hicieron retroceder a Israel por tres días. Parecía que la victoria para Israel era imposible, pero la batalla cambió al tercer día. Aunque el ejército de Israel era bastante más reducido en número, obtuvo la victoria y recuperó el terreno que había perdido, y hasta más. En la actualidad, cuando oiga usted en las noticias hablar sobre cosas que suceden en los "territorios ocupados", recuerde que son los territorios adicionales que Israel reclamó en la Guerra de Yom Kippur. El enemigo cree que usted es más débil cuando ayuna, y tratará de convencerle de que se morirá sin comida; pero no es así. Dios se está preparando para soplar vida a su situación para abrir una puerta a sus promesas.

ORACIÓN CONTINUA

El ayuno no es un medio de promoverse a uno mismo. Lo más estupendo que el ayuno hará por usted será derribar todas las cosas de este mundo que se acumulan y le bloquean para que tenga usted una clara comunión con el Padre.

Como menciona la primera sección de este libro, cuando usted hace un ayuno prolongado, está orando continuamente. Tiene que hacer tiempo para apartarse y orar, tenga ganas de hacerlo o no. El ayuno, en sí mismo, es una oración continua a Dios; usted está orando veinticuatro horas al día cuando ayuna. Si ha estado ayunando todo el día, ha estado orando todo el día.

Algunos de los mayores milagros, avances y periodos de oración que yo he experimentado nunca no llegaron cuando yo me "sentí guiado" a orar y ayunar. En realidad llegaron cuando lo último que yo quería hacer era llevarme a mí mismo hasta el lugar de oración, pero lo hice, y Dios honró mi fidelidad. Jesús dijo: "Cuando ores...cuando ayunes...cuando des..." (Mateo 6). Él espera que quienes le siguen hagan estas cosas sea que se sientan especialmente *guiados* o no. Estas cosas deberían ser parte de la vida de todo creyente.

Hay diferentes niveles de ayunos. Cuando yo comencé por vez primera, no comencé con un ayuno de veintiún días; solamente lo hice tres días, y luego fui aumentando a siete días, y después a veintiún días. Lo que he hecho recientemente es un ayuno total durante siete días en enero, y después un ayuno total durante tres días cada mes, desde febrero a diciembre. Eso constituye un total de cuarenta días en el curso de un año. Cuando ayune, ponga como objetivo en oración a sus seres queridos que no son salvos. Cree una "lista principal" de personas a las que quiere usted ver salvas. Es bueno ser muy concreto en sus oraciones durante un ayuno. ¿Qué es lo más crítico que quiere usted que Dios haga en su vida? Dios le dijo a Habacuc que escribiera la visión (Habacuc 2:2). Le desafío a que escriba los nombres de las personas a las que quiere ver salvas, y clame a Dios por esos nombres. Tal como hemos visto evidenciado aquí en Free Chapel, ¡creo que usted también verá milagros como nunca antes soñó!

> ¡Mantén tu armadura a punto
> y tu espada afilada!

Si usted se lo permite, su carne tomará el mando y gobernará su vida. Por eso los periodos de ayuno son cruciales para su caminar con Dios. El ayuno le ayuda a establecer dominio y autoridad sobre su carne.

"No os engañéis; Dios no puede ser burlado: pues todo lo que el hombre sembrare, eso también segará. Porque el que siembra para su carne, de la carne segará corrupción; mas el que siembra para el Espíritu, del Espíritu segará vida eterna. No nos cansemos, pues, de hacer bien; porque a su tiempo segaremos, si no desmayamos".

—Gálatas 6:7–9

¡Mantenga su armadura a punto y su espada afilada!

Si se humillare mi pueblo, sobre el cual mi nombre
es invocado, y oraren, y buscaren mi rostro,
y se convirtieren de sus malos caminos;
entonces yo oiré desde los cielos, y perdonaré
sus pecados, y sanaré su tierra.
Ahora estarán abiertos mis ojos y
atentos mis oídos a la oración en este lugar.

—2 Crónicas 7:14–15

Capítulo 16

VISTO, PERO NO OÍDO

¿Es posible ayunar y que el Señor no oiga su ruego? Dios dijo de Israel: "Ustedes sólo ayunan para pelear y reñir, y darse puñetazos a mansalva. Si quieren que el cielo atienda sus ruegos, ¡ayunen, pero no como ahora lo hacen!" (Isaías 58:4, NVI). ¿Qué estaban haciendo mal? Israel no se había arrepentido y había abandonado las ordenanzas de Dios. Aunque parecían estar buscando a Dios y deleitándose en sus caminos, su pecado era lo único que Dios podía ver. En lugar de humillarse verdaderamente delante de Dios, el ayuno se había convertido en otro acto mecánico y sin fe lleno de pelea, ira y riñas. Aunque usted no ayuna para ser limpiado de pecado (la sangre de Jesús es la única solución para el pecado), debería comenzar un ayuno con seriedad, habiéndose arrepentido de cualquier pecado conocido.

El ayuno hasta sacará a la superficie cosas ocultas para que usted pueda arrepentirse. Como dijo David: "¿Quién puede subir al monte del Señor? ¿Quién puede estar en su lugar santo? Sólo el de manos limpias y corazón puro, el que no adora ídolos vanos ni jura por dioses falsos" (Salmo 24:3–4, NVI).

Cuando ayune, su aspecto debería ser normal, y no debería atraer atención hacia su "aflicción" de ayunar por medio de sus actos, el modo en que trata a otros, o su temperamento. Aunque su enfoque debería estar en sus propias necesidades, las necesidades de los demás también deberían estar en su corazón. Dios dijo:

Debería comenzar un ayuno con seriedad, habiéndose arrepentido de cualquier pecado conocido.

¿No es más bien el ayuno que yo escogí, desatar las ligaduras de impiedad, soltar las cargas de opresión, y dejar ir libres a los quebrantados, y que rompáis todo yugo? ¿No es que partas tu pan con el hambriento, y a los pobres errantes albergues en casa; que cuando veas al desnudo, lo cubras, y no te escondas de tu hermano?

—Isaías 58:6–7

Los israelitas cuestionaron por qué ayunaban y no tenían respuesta de Dios. El Señor llamó a Isaías: "clama...no te detengas" (Isaías 58:1), a decirle a la gente que se arrepintiera de sus transgresiones, a ayunar del modo en que Dios ordenó, y a decirles lo que sucedería cuando lo hicieran:

Entonces nacerá tu luz como el alba, y tu salvación se dejará ver pronto; e irá tu justicia delante de ti, y la gloria de Jehová será tu retaguardia. Entonces invocarás, y te oirá Jehová; clamarás, y dirá él: Heme aquí. Si quitares de en medio de ti el yugo, el dedo amenazador, y el hablar vanidad.

—Isaías 58:8–9

LUZ BRILLANTE

¿Qué significa "nacerá tu luz como el alba"? Iluminación. Jesús dijo: "Vosotros sois la luz del mundo; una ciudad asentada sobre un monte no se puede esconder" (Mateo 5:14). Dios quería que

Israel fuese una "luz" en la oscuridad para otras naciones, glorificando al Dios de la creación por medio de sus actos y por las bendiciones de Dios manifiestas en sus vidas, atrayendo así a otros a Dios. De igual manera, en nuestras vidas como hijos de Dios, nuestra luz nacerá y será manifiesta a otros; yo lo imagino muy similar al resplandor que había en la cara de Moisés cuando descendió del monte después de haber pasado tiempo con Dios. Realmente, creo que Dios ha traído iluminación a mi vida y mi ministerio, por lo cual no puedo apropiarme ningún mérito. Nuestro ministerio en televisión está llegando más lejos que nunca. Una telespectadora escribió recientemente que había hecho un ayuno de cuarenta días sin comer carne utilizando mi primer libro y manual sobre el ayuno. Ella dijo:

"Yo nunca había completado un ayuno tan largo, pero utilizar el libro realmente me ayudó a seguir firme. Oí a Dios con más claridad de la que nunca le he oído, y mi vida nunca será la misma. Gracias por la oportunidad de colaborar con usted y con su ministerio. Dios realmente le está utilizando de manera poderosa para ministrar a su pueblo y a los perdidos".

NACE LA SALUD

Tengo que permitir que los siguientes testimonios expliquen este punto. Mi amigo, Bob Rogers, es pastor en Kentucky. Él ha hecho dieciséis ayunos de veintiún días y seis ayunos de cuarenta días. Este testimonio es acerca de un hombre en su iglesia que había perdido su puente (dental) y no podía encontrarlo por ninguna parte, así que le hicieron uno nuevo y él se unió al ayuno de principios de año.

Aproximadamente el día catorce de su ayuno, el hombre comenzó a toser bastante. De hecho, tuvo tal crisis de tos que escupió algo sólido: ¡su puente dental original! ¡Esta es una historia verdadera! Parece que se le había aflojado durante la noche, y de alguna manera él se lo tragó y le llegó al pulmón (¡debe de tener un sueño *realmente* profundo!). Una cosa es estar enfermo y ser sanado con rapidez, y otra es que Dios sane de un problema antes de que eso te haga ponerte enfermo. Si ese objeto extraño se hubiera quedado en su pulmón mucho más tiempo, él se habría puesto muy enfermo y habrían tenido que operarlo para quitárselo.

Una mujer envió por correo electrónico este increíble testimonio. Durante años ella había estado plagada de salientes "nudos" en la base de su espina dorsal. Uno podía poner la mano en su espalda y notarlos con mucha facilidad. Le causaban mucho dolor, a veces un dolor debilitante. Ella y su esposo formaron parte de nuestro ayuno de veintiún días al comienzo del año. Los tres primeros días ellos hicieron un ayuno total, bebiendo solamente agua, y luego un ayuno de Daniel durante los dieciocho días restantes. El segundo día, le dolía mucho la espalda, y no tenía alivio; siguió con su lista de oración, clamando por los nombres de familiares no salvos y otras necesidades, y pidiendo al Señor que por favor sanase su espalda. El tercer día, ella estaba orando según su lista y pidiéndole al Señor de nuevo que sanara los nudos. Se puso la mano sobre ellos para imponerse manos a sí misma, ¡sólo para descubrir que ya no estaban ahí! ¡Ella había sido sanada completamente el segundo día de su ayuno y ni siquiera se había dado cuenta!

Esta carta también atestigua de la salud que llegó con rapidez tras un ayuno:

"Nuestro hijo tiene diecinueve años, y le diagnosticaron fibrosis quística cuando tenía cinco años de edad. Recientemente lo ingresaron en el hospital porque su nivel de oxígeno había descendido al 70 por ciento. Aproximadamente una semana después de que terminara el ayuno, su estado era crítico, y me notificaron que sus pulmones podían fallar en cualquier momento. De inmediato llamé a mi esposo, a amigos espirituales y a la familia. Convoqué una asamblea solemne de oración y ayuno durante veinticuatro horas, comenzando a las 5:00 de la tarde de aquel jueves hasta las 5:00 de la tarde del viernes. No es necesario decir que a las 4:00 de la tarde del viernes, tras veintitrés horas de ayuno, la prueba de dióxido de carbono de mi hijo volvió a ser normal. No hubo nada que el médico pudiera hacer. Dios es fiel. Estoy muy agradecida por mi iglesia en Free Chapel y su fidelidad al obedecer a Dios en oración y ayuno. Mi esposo, mi hijo de veintiún años y yo hemos participado en este ayuno de veintiún días y estamos agradecidos de que se produjera en este momento".

JUSTICIA

El Señor dice que cuando ayunes, "irá tu justicia delante de ti" (Isaías 58:8).

Su fe y su posición correcta delante de Dios le harán pasar a áreas en las que no se habría movido si no hubiera usted ayunado. Se le abrirán puertas que no estaban abiertas antes, y su influencia será como las ondas en un lago. Una mujer escribió: "Me uní a dos amigas en un ayuno de veintiún días, después del cual el Espíritu Santo me dio un mensaje especial acerca del ayuno. Siguiendo su indicación, escribí el mensaje y lo he compartido con otros. Gloria a Dios, pues el mensaje tocó corazones y ayudó a otros a entender el poder del ayuno. Es emocionante oír lo que Dios está haciendo en sus vidas debido a la fidelidad de ellos en el ayuno".

Como dije anteriormente, cuando mi hermano y yo comenzamos nuestras primeras reuniones de avivamiento, nos turnábamos para ayunar. Yo ayunaba los días en que él predicaba, y él ayunaba los días que predicaba yo. Sabíamos que teníamos en mente las intenciones correctas, pero quedamos un poco sorprendidos cuando esos tres días de avivamiento se extendieron hasta una semana. Teníamos el aspecto de refugiados medio muertos de hambre cuando el avivamiento terminó, pero habíamos conectado con algo poderoso. Yo creo que las puertas que se me han abierto han sido un resultado directo del cumplimiento de las promesas de Dios debido al ayuno.

> Desde el primer día en que Daniel comenzó a ayunar, Dios escuchó.

Hay personas cuyas vidas pueden mejorar para siempre debido a que la justicia de usted saldrá con influencia.

RETAGUARDIA

La mayoría de nosotros hemos oído la expresión: "Guardo tus espaldas". Significa que alguien en quien uno confía está atento a cualquier cosa que pueda aparecer por detrás de usted y hacerle daño. Cuando usted ayuna, Isaías dijo: "Y la gloria de Jehová será tu retaguardia" (Isaías 58:8).

Además, Dios dice: "Ninguna arma forjada contra ti prosperará, y condenarás toda lengua que se levante contra ti en juicio. Esta es la herencia de los siervos de Jehová, y su salvación de mí vendrá, dijo Jehová" (Isaías 54:17). No es extraño que el diablo quiera que el ayuno siga siendo el secreto mejor guardado en el Reino.

ÉL OIRÁ Y RESPONDERÁ

Los israelitas estaban ayunando, pero con motivos equivocados. Sin los motivos correctos, no podían encontrar a Dios; pero cuando ayunamos según el plan de Él, Él dice: "Entonces invocarás, y te oirá Jehová; clamarás, y dirá él: Heme aquí" (Isaías 58:9). ¿Recuerda lo que el ángel le dijo a Daniel en Daniel 10? Desde el primer día en que Daniel comenzó a ayunar, Dios escuchó. ¡Lo único que retuvo su respuesta fue la batalla en los cielos! Una mujer que se ofrece voluntaria para Free Chapel dio el testimonio más increíble de este hecho. Sus padres habían tenido graves problemas económicos por más de un año. Se les había notificado que comenzaría el proceso de un juicio hipotecario si no pagaban $5,500. Ella llamó a sus hermanos no salvos y les preguntó si querían unirse a ella para hacer algo que ayudase a sus padres en esa situación desesperada. ¡Dios la respaldó! Sus hermanos estuvieron de acuerdo, y comenzaron a ayunar. A los quince días del juicio, sus padres recibieron una llamada telefónica. Su padre había solicitado la invalidez en el año 2000, pero tardaron seis años en oír su caso. Llamaron para informar a la familia que su solicitud de invalidez había sido aprobada, y que habían mandado un cheque por correo ese mismo día por la cantidad de —¿está preparado para esto?— $86,000, que incluía la cantidad atrasada desde el año 2000. Además, él recibiría pagos por invalidez mensualmente. No hay modo en que sus hermanos pueden negar que Dios es quien hizo ese milagro.

Las promesas de Dios no se detienen ahí. Él también dice:

En las tinieblas nacerá tu luz, y tu oscuridad será como el mediodía. Jehová te pastoreará siempre, y en las sequías saciará tu alma, y dará vigor a tus huesos; y serás como huerto de riego, y como manantial de aguas, cuyas aguas nunca faltan. Y los tuyos edificarán las ruinas antiguas; los cimientos de generación y generación levantarás, y serás llamado reparador de portillos, restaurador de calzadas para habitar.

—Isaías 58:10–12

OSCURIDAD Y TINIEBLAS

En las tinieblas nacerá tu luz. En otras palabras, en situaciones que usted afronte que sean abrumadoras y no sepa cómo encontrar el camino en medio de las tinieblas de la oscuridad y la confusión, Dios hará que su luz brille sobre el camino que debe usted escoger.

Mi amigo, el pastor Bob Rogers, tuvo otro testimonio que salió de su congregación. Ellos hacen un ayuno colectivo cada año, como hacemos nosotros en Free Chapel. Había un hombre que perdió su negocio de pastelería. Llegaron tiempos difíciles, y el negocio quebró justamente antes de la época de Navidad. Lo único que pudo permitirse regalarle a su esposa aquel año por Navidad fue una tarjeta de setenta y cinco centavos. En enero, se unió al ayuno de veintiún días.

Al final del ayuno, él tenía una cita con su contable a fin de preparar sus impuestos y repasar las pérdidas del año anterior. Ahora bien, recordemos que él había ayunado y buscado a Dios. Cuando llegó a la oficina, su contable le dijo: "He estado intentando llamarle, pero su número estaba desconectado. He oído de un hombre en Louisville que es dueño de cuatro pastelerías; quiere vender los negocios, y yo pensé en usted. Él quiere venderlos solamente por $25,000".

El hombre se limitó a medio sonreír y dijo: "En este momento ni siquiera puedo permitirme pagar una factura de la luz de veinticinco dólares. ¿Cómo puedo conseguir toda esa cantidad de dinero?". Aún desalentado, el hombre se fue. De camino a su casa se detuvo en una señal de pare. Las letras blancas sobre el fondo rojo parecían más vívidas de lo normal. Mientras estaba detenido, sintió que el Espíritu Santo le decía: "Veintiún días me has pedido que te bendiga, ¿no es así? Da la vuelta".

> Levantará usted un cimiento
> para muchas generaciones.

De inmediato giró con su auto y regresó para pedir el nombre y el número de teléfono del hombre que vendía las pastelerías.

Tres hombres de su iglesia le dieron el dinero, y pudo devolvérselo completamente seis meses después. Apenas si pudo permitirse comprar una tarjeta para su esposa las Navidades anteriores; al final de su primer año de entregar los primeros días del año al Señor en ayuno y oración, él y su esposa eran tan prósperos ¡que ella le compró un aeroplano para Navidad ese año!

El Señor lo guió de vuelta a su promesa. Ese es otro beneficio del ayuno: el Señor le guiará continuamente. Aunque el camino que hay delante de usted parezca oscuro, cuando ayuna y ora en fe, Dios le recompensará y le guiará.

> "Entonces tus oídos oirán a tus espaldas palabra que diga: Este es el camino, andad por él".
>
> —Isaías 30:21

LEVANTE UN CIMIENTO

Finalmente —y esto está en lo profundo de mi corazón—, cuando usted ayuna, "los cimientos de generación y generación levantarás" (Isaías 58:12). Cuando usted ayuna, comienza a poner un cimiento espiritual que no solo afecta a su vida; Dios dice que también afectará a las generaciones que vendrán detrás de usted. Yo no ayuno solamente por mí mismo; ayuno por mis hijos, por mis futuros nietos, etc. He puesto un cimiento mediante mi devoción a Dios sobre el que Él edificará porque encontró un camino de entrada a mi familia.

Una mujer que ve el programa de televisión *Kingdom Connection* en el canal TBN escribió para compartir un notable testimonio de esto:

> "Hice mi primer ayuno de veintiún días después de ver la enseñanza del pastor Franklin. Creo que el Señor me dijo que ayunara por mi padre enfermo, que aún no era creyente. Sentí que tenía una promesa de Dios de que mi papá no se iría de esta tierra sin yo saber que

es salvo. Casi tres meses después del ayuno, mi papá murió; pero, como el Señor prometió, tres días antes de su muerte, ¡él me aseguró que había aceptado a Jesús en su corazón!

También ayuné por hija pródiga de veintidós años, que se alejó del Señor cuando tenía dieciocho. Comencé este año con el ayuno de Daniel de veintiún días, una vez más con mi hija como enfoque. Recientemente tuve noticias de mi hija. Ella quería decirme que vendrá a la iglesia el domingo de Semana Santa. Será la primera vez en cuatro años y medio. El Señor me confirmó que esto ha sucedido como un resultado de mi ayuno. Estoy haciendo del ayuno una disciplina en mi vida. El ayuno puede poner fin al ataque demoníaco sobre su familia".

El ayuno puede romper las maldiciones generacionales. Cuando usted ayuna, pone un nuevo cimiento de bendición que será traspasado a sus hijos y a los hijos de sus hijos. Solamente por esta razón, yo creo que el cabeza de cualquier familia que alguna vez haya sido tocado por el divorcio, el abuso, etc., debería designar un ayuno por su familia y sus hijos a fin de atar esas ligaduras demoníacas de sus generaciones. "Y serás llamado reparador de portillos, restaurador de calzadas para habitar" (Isaías 58:12).

Por lo cual, hermanos, tanto más procurad
hacer firme vuestra vocación y elección;
porque haciendo estas cosas, no caeréis jamás.
Porque de esta manera os será otorgada amplia
y generosa entrada en el reino eterno de
nuestro Señor y Salvador Jesucristo.

—2 Pedro 1:10–11

Capítulo 17

VAYA TRAS ELLO

Cuando los israelitas salieron de Egipto, Dios les proporcionó maná diariamente, al igual que ropa y calzado que no se gastaba. La idolatría y la infidelidad entraron en los corazones de la generación más mayor, y fueron dejados vagando en el desierto durante cuarenta años. Hubo toda una generación que había crecido en el desierto, escuchando las historias de las maravillas que Dios había hecho para liberar a Israel de la esclavitud en Egipto: las plagas, los milagros, el saqueo, la división del mar Rojo, el ahogamiento del ejército de Faraón, la columna de fuego de noche y la nube de día, y los Diez Mandamientos escritos en piedra. Durante casi cuarenta años, ellos comieron maná en la mañana y maná en la noche a la vez que se preguntaban sobre una tierra que fluía leche y miel (Josué 5:6).

Moisés ya estaba descansando. Josué estaba entonces a cargo, y las cosas estaban cambiando. El mandamiento provino de Josué: "Santificaos, porque Jehová hará mañana maravillas entre vosotros" (Josué 3:5). Debió de haber habido mucha emoción por todo el campamento, pero el Señor haría maravillas solamente si los hijos de Israel se santificaban.

La raíz hebrea de *santificarse* es *qadhash*, que también es la raíz de la palabra *santo*. Dios dijo: "Yo soy el Señor su Dios, así que santifíquense y manténganse santos, porque yo soy santo" (Levítico 11:44, NVI). La santificación es el proceso de llegar a ser santo en la vida cotidiana; es practicar la pureza y ser apartado del mundo y del pecado.

La santificación es permitir al Espíritu Santo que nos haga más semejantes a Jesús en lo que hacemos, en lo que pensamos, y en lo que deseamos. No oímos mucho sobre la santificación desde los púlpitos en estos tiempos, pero si hemos de ver a Dios hacer maravillas en medio de nosotros, debemos confrontar el pecado en nuestras vidas y vivir santos.

> **El ayuno es un excelente medio de santificarse.**

Dios estaba a punto de guiar a su pueblo escogido a salir contra los enemigos de Dios, pero ellos no podían permanecer si no eran santos. Esto se ve claramente en el contraste entre la victoria sobrenatural de Israel contra la ciudad de Jericó en Josué 6 y su derrota en Josué 7 contra el diminuto ejército de Hai después de que Israel hubiera pecado al haber robado y ocultado cosas en medio de ellos.

CONOCER LA VOLUNTAD DE DIOS

Deseamos estar en la voluntad de Dios y andar de acuerdo a sus planes. La santificación es la clave de estar en la voluntad de Dios. Como dijo Pablo: "pues la voluntad de Dios es vuestra santificación" (1 Tesalonicenses 4:3). No hay necesidad de intentar descubrir alguna misteriosa "rueda de Dios". No puede usted seguir la guía de Dios hasta que comience donde Pablo dijo que comenzara.

La voluntad de Dios es que sean santificados; que se aparten de la inmoralidad sexual; que cada uno aprenda a controlar su propio cuerpo de una manera santa y honrosa, sin dejarse llevar por los malos deseos como hacen los paganos, que no conocen a Dios; y que nadie perjudique a su hermano ni se aproveche de él en este asunto. El Señor castiga todo esto, como ya les hemos dicho y advertido. Dios no nos llamó a la impureza sino a la santidad; por tanto, el que rechaza estas instrucciones no rechaza a un hombre sino a Dios, quien les da a ustedes su Espíritu Santo.

—1 Tesalonicenses 4:3–8, nvi

> **El ayuno le ayudará a identificar áreas de pecado oculto en su vida.**

El ayuno es un medio esencial de santificarse, apartándose del mundo y acercándose a Dios. El ayuno le permite filtrar su vida y ponerse aparte para buscar al Señor. Jesús oró por nosotros:

No son del mundo, como tampoco yo soy del mundo. Santifícalos en tu verdad; tu palabra es verdad. Como tú me enviaste al mundo, así yo los he enviado al mundo. Y por ellos yo me santifico a mí mismo, para que también ellos sean santificados en la verdad.

—Juan 17:16–19

Como he afirmado en capítulos anteriores, el ayuno le ayudará a identificar áreas de pecado oculto y cosas que son desagradables a Dios en su vida. El ayuno le ayuda a discernir entre servir a la carne y servir al espíritu. "Porque si la sangre de los toros y de los machos cabríos, y las cenizas de la becerra rociadas a los inmundos, santifican para la purificación de la carne, ¿cuánto más la sangre de Cristo, el cual mediante el Espíritu eterno se ofreció a sí mismo sin mancha a Dios, limpiará vuestras conciencias de obras muertas para que sirváis al Dios vivo?" (Hebreos 9:13–14). Si estamos en Cristo, su sangre nos limpia de obras muertas, capacitándonos para servir a Dios en santidad.

NECESIDAD DE SANTIFICACIÓN

¿Por qué necesitamos santificarnos? No tenemos lugar en nuestros corazones para el orgullo; no tenemos lugar en nuestros corazones para la complacencia. Si Dios ha bendecido su vida, tiene usted una necesidad crítica de santificarse. Tenga cuidado de no ser un miembro de "la primera iglesia de los escogidos congelados". No permita que las bendiciones del pasado interfieran en las bendiciones del futuro. Las bendiciones del futuro serán mayores que ninguna otra cosa que Él haya hecho en el pasado.

David era un hombre conforme al corazón de Dios, sin embargo, él clamaba: "Crea en mí, oh Dios, un corazón limpio, y renueva un espíritu recto dentro de mí" (Salmo 51:10). Necesitamos una santificación de *motivos*. Necesitamos una santificación de *deseos*. Necesitamos una santificación de *actitudes*. Necesitamos una santificación del *espíritu recto*. Necesitamos una santificación de nuestra *carne*.

RESPONSABILIDAD DE SANTIFICACIÓN

El escritor del libro de Hebreos advierte: "Mirad, hermanos, que no haya en ninguno de vosotros corazón malo de incredulidad para apartarse del Dios vivo; antes exhortaos los unos a los otros cada día, entre tanto que se dice: Hoy; para que ninguno de vosotros se endurezca por el engaño del pecado" (Hebreos 3:12–13). Mientras que el liderazgo debería, sin duda, establecer un ejemplo en santificación personal y vida santa, es responsabilidad de cada creyente "exhortar" a otros creyentes. *Exhortar* significa ser abrasivo el uno con el otro, alentarse el uno al otro, empujar el uno al otro a vivir de manera santa a fin de que nadie caiga en la tentación y termine alejándose de Dios.

CRUZAR

Josué dio órdenes a los oficiales para que ordenaran a los hijos de Israel diciendo:

> Cuando veáis el arca del pacto de Jehová vuestro Dios, y los levitas sacerdotes que la llevan, vosotros saldréis de vuestro lugar y marcharéis en pos de ella, a fin de que sepáis el camino por donde habéis de ir; por cuanto vosotros no habéis pasado antes de ahora por este camino. Pero entre vosotros y ella haya distancia como de dos mil codos; no os acercaréis a ella.
>
> —Josué 3:3-4

Ellos debían mantenerse a distancia y observar a Dios; estaban a punto de ver las maravillas de las que habían oído pero que nunca habían visto por sí mismos. En cuanto las plantas de sus pies tocaron el agua del río Jordán, las aguas se separaron como lo habían hecho en el mar Rojo, permitiendo que la nueva generación cruzara las aguas sobre tierra seca. "Mas los sacerdotes que llevaban el arca del pacto de Jehová, estuvieron en seco, firmes en medio del Jordán, hasta que todo el pueblo hubo acabado de pasar el Jordán; y todo Israel pasó en seco" (v. 17).

Cuando usted ayuna y se santifica para Dios, ¡le quita de la orilla y le lleva a los milagros! Hay demasiadas personas en el borde de lo que Dios está haciendo, pero no las suficientes que estén firmemente en el centro de su voluntad. ¿Quiere usted que las cosas cambien en su hogar? Usted es el sacerdote de su casa: ayune, santifíquese, y adopte una postura firme en el centro de la voluntad de Dios. Cuando su familia le vea saliendo del borde de la mera "religión de domingo" y entrando en el centro de lo que Dios está haciendo, ellos seguirán y encontrarán la dirección de Dios para sus vidas.

> **Cuando usted ayuna y se santifica para Dios, ¡le quita de la orilla y le lleva a los milagros!**

Quiero que observe que los hijos de Israel cruzaron todos en el mismo lugar. Usted debería estar unido a un cuerpo local de creyentes en lugar de solamente tratar de encontrar su propio camino. Si hubo alguna vez un tiempo en que necesitábamos cruzar juntos, adoptar una postura firme y unida contra el pecado en este país, es ahora. Nos necesitamos los unos a los otros. Necesitamos un espíritu de estar unidos. Necesitamos un espíritu de confianza. Necesitamos un espíritu de unidad. Necesitamos un espíritu de compasión los unos por los otros.

LA BENDICIÓN DE LA SANTIFICACIÓN

Las palabras de Josué fueron a "la generación escogida". Dios había esperado hasta que todos aquellos que eran tercos y rebeldes hubieran envejecido y muerto. Aquella generación más joven avanzaría y heredaría las promesas. Después de cruzar el Jordán, Dios le dijo a Josué: "Hazte cuchillos afilados, y vuelve a circuncidar la segunda vez a los hijos de Israel" (Josué 5:2). La generación anterior estaba circuncidada, pero la generación más joven no lo estaba. Ellos debían llevar la marca del pacto en su carne antes de que Dios los llevara más adelante.

La circuncisión habla de santificación de la carne. Es cortar las cosas muertas y los pecados ocultos. Puede usted verse bien en público, levantar sus manos, dar sus ofrendas, orar y hasta ayunar, pero a la vez estar ocultando pecados mortíferos. Es usted santificado por la sangre de Jesús cuando le acepta por primera vez como su Señor y Salvador pero, con el tiempo, la complacencia y pecados ocultos pueden invadir su corazón. Sencillamente puede comenzar a alejarse, y permitir que su estándar descienda. Pablo les explicó esto claramente a los gálatas:

> Y manifiestas son las obras de la carne, que son: adulterio, fornicación, inmundicia, lascivia, idolatría, hechicerías, enemistades, pleitos, celos, iras, contiendas, disensiones, herejías, envidias, homicidios, borracheras, orgías, y cosas semejantes a estas; acerca de las cuales os amonesto, como ya os lo he dicho antes, que los que practican tales cosas no heredarán el reino de Dios.
>
> —Gálatas 5:19–21

La bendición de la santificación lleva con ella las promesas del pacto de Dios y al vida en el Espíritu: "Mas el fruto del Espíritu es amor, gozo, paz, paciencia, benignidad, bondad, fe, mansedumbre, templanza; contra tales cosas no hay ley. Pero los que son de Cristo han crucificado la carne con sus pasiones y deseos. Si vivimos por el Espíritu, andemos también por el Espíritu. No nos hagamos vanagloriosos, irritándonos unos a otros, envidiándonos unos a otros" (Gálatas 5:22–26).

El ayuno afila la espada y afila la Palabra en su corazón y en su boca, permitiéndole cortar la carne muerta y el pecado oculto a medida que usted se aparta para Dios.

¿CUÁL ES SU "ELLO"?

Hace más de veinte años, cuando el Señor me llamó por primera vez a predicar, Él me mostró algunas cosas que eran para un tiempo y una época aún futuros. Yo no podía entrar a todas sus promesas de una vez, pero supe que Él me guiaría en su voluntad a medida que yo estuviera dispuesto a santificarme y seguirle a Él. Recientemente, el Señor ha avivado mi espíritu con un sentimiento de que ahora es el tiempo. Es como si Él estuviera diciendo: "Has orado por ello. Has soñado con ello. Me lo has pedido. Lo has anhelado. Te ha sido profetizado. Prepárate". Regresé a Carolina del Norte, donde nací y me crié. Mi abuelo aún tiene una casa en Middlesex, Carolina del Norte. Es una hermosa hacienda, parecida a una mansión, situada sobre acres de exuberantes tierras de labranza con caballos, ganado y hasta su propia pista de aterrizaje para su aeroplano. Veintiocho niños se criaron en esa casa a lo largo de los años, y todos ellos sirven al Señor.

Durante aquella visita especial de regreso a mis raíces y mi herencia, pasé tiempo cada día caminando por esa pista de aterrizaje y por los campos en oración y comunión con Dios. Sentí la guía del Espíritu Santo para que visitase el lugar donde Él me llamó por primera vez a predicar. Yo no había regresado desde hacía veintidós años. Fui hasta ese maravilloso y viejo santuario de la Iglesia de Dios y me senté en el punto mismo donde recibí mi llamado. Puedo recordarlo como si fuera ayer. Yo estaba haciendo un ayuno de tres días, y clamando a Dios: "Oh Dios, ¿puedes usarme? ¿Por qué me estás llamando a predicar? No puedo hacerlo. No sé cómo predicar. Tengo temor; no soy digno. No soy lo bastante bueno". Le estaba dando todas las excusas y todo el temor. No comprendía que durante aquel ayuno de tres días yo estaba cortando la carne con un cuchillo afilado.

Finalmente, el tercer día, oí su voz en mi espíritu decir: "Te he llamado a predicar. Ve y haz lo que te he llamado a hacer". Yo dije: "Señor, si esta es verdaderamente tu voluntad, entonces que mi mamá lo confirme cuando yo llegue a casa, aunque sea más de medianoche. Que ella esté levantada y lo confirme". Yo era joven, ¡y nunca hace daño pedir claridad! Salí de aquel diminuto santuario llorando, me metí en mi auto, y conduje de regreso a casa. Cuando entré en el cuarto de mamá, ella estaba de rodillas orando. En cuanto la vi, ella se giró, me señaló con el dedo y comenzó a hablar con labios temblorosos. "Jentezen, Dios te ha llamado a predicar. Ve y haz lo que Él te ha llamado a hacer".

> **¡Dios quiere que le pidas cosas que sean mayores que tú mismo!**

Sentado en aquel mismo lugar más de veinte años después, quedé absolutamente abrumado. Emociones como no he sentido nunca en mi vida me invadieron. Fue en aquel momento en que sentí de nuevo la dirección del Espíritu en mi corazón guiándome a ayunar y santificarme una segunda vez porque Él proféticamente me había guiado de regreso a aquel lugar donde comencé. Él estaba a punto de comenzar algo totalmente nuevo en mi vida. Como les dijo a los hijos del Israel, era como si dijera: "Nunca antes has sido de esta manera".

¿Y QUÉ DE USTED?

¿Y si usted se propusiera buscar al Señor diligentemente, santificarse con un ayuno y un viaje de regreso al punto mismo donde todo comenzó; donde Él le salvó, le liberó, le llenó de su Espíritu y le llamó? Yo viajé físicamente a ese punto, pero si usted no puede hacer eso, puede regresar mentalmente. Puede recordar la antigua marca, la misma sencillez, inocencia y dedicación con la cual respondió usted por primera vez a su voz.

Dios quiere que usted le pida cosas que sean mayores que usted mismo, y que le crea a Él. Ahora yo tengo más de cuarenta años de edad, pero no puedo limitarme a flotar por la vida. No puedo limitarme a esperar la jubilación. ¡Se me han prometido demasiadas cosas! Quiero recoger la cosecha. Los hijos de Israel habían atravesado el desierto. Habían dejado de comer maná y habían comenzado a comer el buen fruto de la tierra. Vivían al lado de un río, y podrían fácilmente haber comerciado con los de la gran ciudad de Jericó, pero ese no era su destino.

El ayuno le llevará al destino. El ayuno le llevará a estar en línea con el plan de Dios para su vida. Al igual que Josué llamó a los hijos de la promesa a santificarse, yo creo que, de igual manera, su "mañana" está justamente a la vuelta de la esquina. Dios va a hacer maravillas en su vida, llevándolo a lugares donde nunca antes haya estado. Ahora es el tiempo de ayunar, de buscar a Dios diligentemente, de santificarse, de discernir las prioridades de Dios y de caminar en sus promesas. *¡Vaya tras ello!*

Sección 3

DIARIO PARA
21 DÍAS DE AYUNO

Dios, Dios mío eres tú;
De madrugada te buscaré;
Mi alma tiene sed de ti, mi carne te anhela,
En tierra seca y árida donde no hay aguas.

—Salmo 63:1

Como el ciervo brama por las corrientes de las aguas,
Así clama por ti, oh Dios, el alma mía.
Mi alma tiene sed de Dios, del Dios vivo;
¿Cuándo vendré, y me presentaré delante de Dios?
Fueron mis lágrimas mi pan de día y de noche,
Mientras me dicen todos los días: ¿Dónde está tu Dios?

—Salmo 42:1–3

UNA NOTA PERSONAL DE JENTEZEN FRANKLIN

Estoy muy contento de que haya escogido hacer del ayuno una parte de su vida. El ayuno ha sido una parte esencial de mi vida y de mi caminar con Dios desde que era adolescente. Incluso en aquellos años de desarrollo, al aprender a oír la voz de Él y ver su mano moverse en mi vida, aprendí que esta disciplina espiritual privada tiene recompensas públicas. Hasta la fecha, cuando siento que me estoy resecando espiritualmente, cuando no siento esa unción fresca, cuando necesito un encuentro nuevo con Dios, el ayuno es la llave secreta que abre la puerta del cielo y cierra de un portazo las puertas del infierno.

La disciplina del ayuno libera la unción, el favor y la bendición de Dios en la vida del cristiano. Por tanto, si no está usted contento con pasar este año del mismo modo que el año pasado, ahora es el momento de utilizar la disciplina del ayuno para ver avances y victorias. Usted sabe que hay más: hay una misión para su vida, hay algo que Dios desea liberar en su vida, y hay una desesperación genuina por esas cosas que atenazan su corazón. Tenga en mente las siguientes palabras de Jesús durante su ayuno:

> *Cuando* ayunéis, no seáis austeros, como los hipócritas; porque ellos demudan sus rostros para mostrar a los hombres que ayunan; de cierto os digo que ya tienen su recompensa. Pero tú, cuando ayunes, unge tu cabeza y lava tu rostro, para no mostrar a los hombres que ayunas, sino a tu Padre que está en secreto; y tu Padre que ve en lo secreto te recompensará en público.
>
> —Mateo 6:16–18 (énfasis añadido)

Hay dimensiones de nuestro glorioso Señor que nunca serán reveladas al adorador casual y desinteresado. Hay muros de intercesión que nunca serán escalados por servicios religiosos desapasionados. Pero cuando usted dé pasos para salir de lo ordinario y adorarle como Él se merece, comenzará a ver facetas de su ser que nunca pensó que existían. Él comenzará a compartir secretos con usted sobre sí mismo, sus planes y sus deseos para usted. Cuando usted adora a Dios como Él merece, Él es magnificado.

Sus oraciones adoptan un cariz poderoso cuando usted ayuna. A medida que utilice este devocional de ayuno y oración a lo largo de los próximos veintiún días, ¡se sorprenderá por las cosas que Dios le mostrará a medida que prosigue y se acerca a Él!

¿POR QUÉ AYUNAMOS?

Hay diferentes tipos de ayunos. Hay ayunos privados que usted hace privadamente, y que la Biblia también describe como "ayunos convocados": cuando momentos y situaciones inusuales requieren medidas inusuales y respuestas sobrenaturales de Dios. Aquí en la iglesia Free Chapel hemos descubierto que el mejor periodo para ayunar es a principios de año. Si usted le da a Dios tiempo al comienzo del año, Él hará cosas increíbles en su vida.

Hay tres cosas que debe preguntarse antes de ayunar. La primera: ¿cuáles son los motivos que hay tras el ayuno? Yo agradezco el hecho de que se perderá peso cuando se ayuna, pero esa no puede ser su motivación. Yo agradezco el hecho de que se ha demostrado médicamente que es sano para usted porque desintoxica su cuerpo, le limpia y hace que su tracto digestivo sea más sano, pero un ayuno no se trata realmente de eso. Por tanto, la primera pregunta que tiene que hacerse es: ¿cuál es mi motivación para este ayuno? ¿Por qué lo estoy haciendo? ¿Estoy haciendo esto para poder entrar otra vez en mi ropa después de la época de Navidad? Ese será un beneficio secundario, pero no debería ser el motivo principal.

En segundo lugar, debe preguntarse: ¿cuáles son las necesidades concretas por las que estoy ayunando? Cuando las personas ayunaban en la Biblia, lo hacían por una necesidad concreta. A veces tenían problemas, a veces era por finanzas, y otras veces ayunaban por sus hijos o para buscar ayuda o dirección. Quiero que usted tenga en su mente los motivos concretos por los cuales está ayunando. Si Dios descendiera y le pidiera que enumerase las tres cosas principales que usted quiere que Él haga en su vida y en su familia, usted debería conocer esos motivos y mantenerlos delante de sus ojos durante el periodo que ayune.

La tercera pregunta que debería hacerse es: ¿estoy decidido a ministrar al Señor durante mi ayuno? Hechos 13:2 nos dice que los profetas y maestros en la iglesia en Antioquía "ministrando éstos al Señor, y ayunando...". El ayuno es un periodo que apartamos para ministrar al Señor; no se trata de obtener lo que podamos obtener de Dios todo el tiempo. Dios se moverá cuando ayunamos, pero debería ser un periodo en que nuestro corazón clame: "Quiero ministrarte; quiero amarte; quiero conocerte; quiero acercarme más a ti; mi corazón clama por ti".

El modo en que usted enfoque su ayuno es muy importante. Si no es usted serio al respecto, entonces no obtendrá resultados realmente serios. Cuanto más serio sea usted con respecto al ayuno, más seriamente responderá Dios. Si es usted frívolo o lo toma a la ligera, "bueno, ayunaré, pero en realidad no tengo ganas de hacerlo", entonces no va a funcionar. Su corazón tiene que estar implicado en el ayuno, y cuando su corazón está en ello, ¡llegará una comunión con Dios como usted no ha conocido nunca!

Hay un increíble versículo de la Escritura en Zacarías 7:5: "Habla a todo el pueblo del país, y a los sacerdotes, diciendo: Cuando ayunasteis y llorasteis en el quinto y en el séptimo mes estos setenta años, ¿habéis ayunado para mí?". Esto es fenomenal. Por setenta años el pueblo había declarado cierto periodo cada año en el que ayunaban. Después de ayunar de esa manera por setenta años, Dios hizo la pregunta: "¿habéis ayunado para mí?".

¿Sabía usted que es posible realizar un ayuno y tener tantos motivos y planes personales que ni siquiera se está ayunando para Dios, que está usted ayunando por sus propios deseos? Dios le dijo al pueblo en tiempos de Zacarías: "Ustedes han estado haciendo esto cada año en el mismo periodo por setenta años, pero quiero saber si alguien tiene hambre de mí y de mi Reino, de mis planes y propósitos en la tierra".

En el Nuevo Testamento, Dios le dijo a la iglesia de los filipenses que tuvieran cuidado con poner su mente en las "cosas terrenales", y permitir así que su vientre se convirtiese en su dios (véase Filipenses 3:18–19). Él advirtió a los corintios del siguiente modo: "Ni seáis idólatras, como algunos de ellos, según está escrito: Se sentó el pueblo a comer y a beber, y se levantó a jugar" (1 Corintios 10:7). Yo me niego a permitir que mi vientre se convierta en mi dios. El ayuno quita a la carne del trono. "Sino que golpeo mi cuerpo, y lo pongo en servidumbre" (1 Corintios 9:27). Cuando ayunamos, sometemos nuestro cuerpo a Dios y decimos: "Limpia este cuerpo, y trata los hábitos y otras cosas que sean terrenales. Elimina esta nicotina de mí; elimina este deseo de mí. Te presento mi carne. Sé que la carne siempre estará aquí, pero quiero que sepas que Jesús es Señor en este templo".

Cada vez que yo ayuno, me acerco más a Dios. Cada vez que usted ayune, se acercará más a Dios. No hay mayor recompensa que Él.

HECHOS BÍBLICOS

Hay siete ejemplos de ayunos en la Biblia.

1. El ayuno de Ester: el ayuno de tres días

En Ester 4:16 leemos del ayuno iniciado por la reina Ester. Ella pidió al pueblo: "ayunad por mí, y no comáis ni bebáis en tres días, noche y día; yo también con mis doncellas ayunaré igualmente". Ella necesitaba favor con el rey cuando se presentase delante de él. El propósito del ayuno de Ester de tres días es buscar el favor de Dios en el momento de crisis. ¿Tiene usted problemas? ¿Tiene problemas en su hogar? ¿Tienen problemas sus hijos? ¿Están sus finanzas en estado de crisis? Una razón bíblica para el ayuno es cuando hay problemas en su vida.

Cuando llegan los problemas y las grandes crisis, no deberíamos desmoronarnos ni desplomarnos. No retrocedemos cuando llega el enemigo; nos levantamos como un río, le plantamos cara y decimos: "Crees que me estás lanzando una crisis. Quisiste esta crisis para mi mal, pero Dios la va a convertir en bien para mí, y esta crisis se convertirá en una bendición". Si está usted en crisis, si tiene problemas, si la crisis de la depresión, la desesperanza o la bancarrota le amenaza, dé a Dios una oportunidad. Dé a Dios una oportunidad en los momentos de problemas. Dios transformará esa crisis y le liberará, como libró a Pablo en Hechos 9. Cuando Pablo se convirtió, las personas con quienes solía estar intentaron matarle. Eso es lo que se llama una *crisis*. Pero debido a que él había ayunado, Dios tenía un plan para su liberación.

2. El ayuno de Daniel: un ayuno de veintiún días

El segundo ayuno se encuentra en Daniel 10:2-3: "En aquellos días yo Daniel estuve afligido por espacio de tres semanas. No comí manjar delicado, ni entró en mi boca carne ni vino, ni me ungí con ungüento, hasta que se cumplieron las tres semanas". Este es un ayuno de tres semanas, un ayuno de veintiún días, que es siete por tres. Siete es el número de lo completo.

El ayuno de Daniel es un ayuno en el que solo se come verduras, fruta y agua; no incluye ningún tipo de pan, pasta ni carne. Esto será una de las cosas más estupendas y más sanas que usted podrá hacer. Su cuerpo será más sano. Pero ¿por qué hacen las personas el ayuno de veintiún días? ¿Qué resultado obtuvo Daniel? Después del ayuno de veintiún días, Daniel dijo lo siguiente:

> Y he aquí una mano me tocó, e hizo que me pusiese sobre mis rodillas y sobre las palmas de mis manos. Y me dijo: Daniel, varón muy amado, está atento a las palabras que te hablaré, y ponte en pie; porque a ti he sido enviado ahora…He venido para hacerte saber lo que ha de venir a tu pueblo en los postreros días; porque la visión es para esos días.
>
> —Daniel 10:10–11, 14

Al igual que Dios tenía una visión para Daniel, Dios tiene una visión para su vida, un sueño para usted. Él ha ordenado su vida de principio a fin: con quién debería casarse, lo que debería hacer y dónde ha de ir. Él conoce cada uno de sus pasos; todos ellos. Dios tiene la visión. Pero observemos que el ayuno de veintiún días es lo que causó entendimiento de la visión a Daniel. Otra palabra para entendimiento sería enfoque con claridad. Produjo el cómo hacer que la visión sucediera. Eso mismo ha sucedido muchas veces en este ministerio. A medida que hemos ido pasando de un nivel a otro, por medio del ayuno Dios nos dio entendimiento sobre cómo hacer que la visión que habíamos tenido sucediera. La visión de ver salvos a sus hijos no es una mentira del infierno. Dios no está dejando suspendida en el aire la esperanza solamente para atormentarle. Habacuc 2:3 dice: "Aunque la visión tardará aún por un tiempo". Pero usted no se limita a esperarla sin hacer nada; usted hace su parte. Y nada le posiciona mejor para una victoria que un ayuno. Dios es el Dios de la victoria. Mediante un ayuno de veintiún días, Dios le dará entendimiento de la visión que Él le haya dado.

3. El ayuno de autoexamen: el ayuno de un día

En Levítico 23:27 leemos de un ayuno de un día: "A los diez días de este mes séptimo será el día de expiación; tendréis santa convocación, y afligiréis vuestras almas, y ofreceréis ofrenda encendida a Jehová". ¿De qué se trata? Hay una escritura de confirmación en Jeremías 36:6 que dice: "Entra tú, pues, y lee de este rollo que escribiste de mi boca, las palabras de Jehová a los oídos del pueblo, en la casa de Jehová, el día del ayuno". Me encanta eso: "…el día del ayuno".

En otras palabras, Dios está diciendo: "Quiero que aparten cierta cantidad de tiempo en el que ayunen y me busquen, y hay un propósito para ello: el autoexamen y la consagración". Cuando usted hace este ayuno, necesita decir: "Dios, voy a hacer un chequeo de mí mismo espiritualmente. ¿Cómo voy? ¿Te amo como te amaba cuando te conocí por primera vez? ¿Me he acercado más a ti este año, o he perdido mi pasión? ¿Es mi adoración lo que tú deseas? ¿Está al nivel que tú deseas? ¿Estoy viviéndola delante de mis hijos? ¿Está viendo mi familia a Cristo en mí? ¿Y mi mal genio? ¿Y mis palabras? ¿Y mi actitud? ¿Soy negativo? ¿Soy feo en mis actos hacia las personas? Señor, me acerco a ti porque realmente quiero ser más semejante a ti y necesito un autoexamen. Estoy viendo algunas cosas en mi vida que no son semejantes a ti, y quiero que me ayudes a tratarlas en este ayuno". El ayuno de un día es un ayuno de autoexamen.

4. El ayuno antes de una batalla

Hay otro ayuno en Jueces 20, que es un capítulo poderoso acerca del ayuno. Dios les había dicho a los hijos de Israel que luchasen con la tribu de Benjamín porque la tribu de Benjamín se había pervertido y Dios estaba listo para juzgarla. Dijo: "Quiero que salgan a luchar contra ellos".

Ellos oraron y buscaron al Señor, y entonces le preguntaron: "¿Deberíamos salir ahora?".

Y Dios dijo sí. Les dijo que enviasen primero a Judá a la batalla. Ellos enviaron a Judá y a sus hombres a la batalla, y perdieron la batalla, perdiendo a 22 000 hombres. Piense en lo que había sucedido; ellos hicieron lo que Dios les había dicho que hicieran, y fue un fracaso y un desastre.

Regresaron a casa y lloraron, y buscaron a Dios con tanta sinceridad como pudieron. Entonces volvieron a preguntar: "¿Deberíamos salir hoy y luchar contra nuestro enemigo otra vez?".

De nuevo, Dios dijo: "Sí, desde luego que sí". Ellos salieron a la batalla y perdieron a otros 18 000 hombres. En dos días, resultaron muertos 40 000 soldados israelitas. Lo sorprendente es que Dios les había dicho que lo hicieran, y aún así ellos sufrían derrota.

Pero cuando llegamos al versículo 26, dice: "Entonces subieron todos los hijos de Israel, y todo el pueblo, y vinieron a la casa de Dios; y lloraron, y se sentaron allí en presencia de Jehová, y ayunaron aquel día hasta la noche; y ofrecieron holocaustos y ofrendas de paz delante de Jehová". Los hijos de Israel ayunaron aquel día hasta la noche, y llevaron ofrendas de paz delante del Señor. Si lee el resto de la historia, ellos entonces salieron y mataron por completo al enemigo.

¿De qué se trata todo eso? Nunca debería usted salir a una importante batalla sin primero haber ayunado. No espere caminar en expansión y hacer grandes cosas para Dios, o comenzar una nueva iniciativa o plan que le lance o expanda su negocio, sin antes designar un día de ayuno detrás de ese esfuerzo. Algo sucede cuando ayunamos y oramos que no sucederá si usted no ayuna, incluso si Dios le había dicho que lo hiciera. Antes, necesita usted adjuntar un ayuno a ese esfuerzo. Eso causará la victoria cada vez.

5. Ayunar para quitar el juicio de Dios de la vida de otra persona

El quinto ayuno se encuentra en 1 Reyes 21:27–29.

> Y sucedió que cuando Acab oyó estas palabras, rasgó sus vestidos y puso cilicio sobre su carne, ayunó, y durmió en cilicio, y anduvo humillado. Entonces vino palabra de Jehová a Elías tisbita, diciendo: ¿No has visto cómo Acab se ha humillado delante de mí? Pues por cuanto se ha humillado delante de mí, no traeré el mal en sus días; en los días de su hijo traeré el mal sobre su casa.

Esta es la historia de Acab, un rey que era muy malvado. Un profeta profetizó de él que los perros lamerían su sangre porque había pecado contra Dios. ¿Conoce usted a alguien que distinga entre el bien y el mal, y aún así esa persona está viviendo una vida de maldad? Hay poder sobrenatural en el ayuno y la oración que no está limitado solamente a su propia vida.

Acab era tan malvado que el profeta le dijo que los perros lamerían su sangre, y escuchar eso le conmovió tanto que se humilló y comenzó a ayunar. Dios dijo que debido a que este hombre malvado se había humillado y había ayunado, Dios quitaría el juicio. Yo creo que usted puede ayunar y orar, y al hacerlo quitar el juicio de la vida de otra persona y dar más tiempo para que la misericordia de Dios haga una obra en la vida de esa persona. Si conoce a alguien de quien desee que el juicio de Dios sea quitado, ore las siguientes palabras:

Padre,
Reclamo a esta alma para ti. Oro para que incluso mientras ayuno, tú quites el juicio de la vida de _____ *y le muestres tu misericordia. Oro para que hagas que esta persona recupere el sentido. Rompe el yugo del pecado que le ata. Suelta las cuerdas de maldad. Quebranta y confunde las asociaciones impías en la vida de esta persona. Llévale a ponerse de rodillas. En el nombre de Jesús, amén.*

6. El ayuno por sanidad

Al igual que 1 Corintios ha llegado a conocerse como el "capítulo del amor", Isaías 58 es el "capítulo del ayuno". En ese capítulo leemos:

¿No es más bien el ayuno que yo escogí, desatar las ligaduras de impiedad, soltar las cargas de opresión, y dejar ir libres a los quebrantados, y que rompáis todo yugo? ¿No es que partas tu pan con el hambriento, y a los pobres errantes albergues en casa; que cuando veas al desnudo, lo cubras, y no te escondas de tu hermano? Entonces nacerá tu luz como el alba, y tu salvación se dejará ver pronto; e irá tu justicia delante de ti, y la gloria de Jehová será tu retaguardia. Entonces invocarás, y te oirá Jehová; clamarás, y dirá él: Heme aquí.

—Isaías 58:6–9

Esta parte de la Escritura dice que su salud se dejará ver pronto. El ayuno puede dar entrada a la sanidad de Dios; sus niveles de colesterol pueden descender, su presión sanguínea puede normalizarse, y usted sentirá el poder sanador de Dios sobre su cuerpo. Jesús es el mismo ayer, y hoy, y por los siglos. Si nosotros nos apartamos y le dejamos a Él ser Dios, veremos su poder sobrenatural en funcionamiento. Pero nosotros debemos menguar y Él debe crecer.

7. El ayuno del dominio: el ayuno de cuarenta días

¿Por qué ayunó Jesús durante cuarenta días y cuarenta noches? (Véase Mateo 4). Lo hizo por dominio; lo hizo por autoridad. Adán perdió dominio cuando comió del fruto del árbol que Dios le había dicho que no comiera. Esaú perdió su primogenitura por comer. En el desierto, los hijos de Israel perdieron la Tierra Prometida por comer codornices cuando Dios les había dado su provisión sobrenatural de maná.

¿Vale la pena el riesgo de perder la promesa de Dios esa carne que usted tiene ganas de comer en lugar de ayunar? El ayuno le hace duro en el espíritu. El ayuno hace que el hombre interior se levante y diga: "Diablo, ¿quién te crees que eres para meterte con mi familia, o para poner temor en mi mente o dolor en mi cuerpo? Mayor es el que está en mí". Al ayunar durante cuarenta días y noches, Jesús recuperó el dominio. Él regresó en el poder del Espíritu después de haber ayunado.

EL EFECTO DEL AYUNO PIADOSO

Cuando usted ayuna, pondrá un fundamento para muchas generaciones. En Esdras 8 leemos las siguientes palabras: "Y publiqué ayuno allí junto al río Ahava, para afligirnos delante de nuestro Dios, para solicitar de él camino derecho para nosotros, y para nuestros niños, y para todos nuestros bienes" (Esdras 8:21).

Yo creo que hay tres razones poderosas indicadas en este versículo para ayunar.

En primer lugar, ayunamos para buscar de Dios el camino correcto para nosotros. Dios le revelará el camino correcto, y le ayudará en las transiciones. Le dará la sabiduría que usted necesita, y le dará la dirección que necesita. Puede que usted piense: "¿Debería aprovechar esa oportunidad? ¿Debería realizar ese trabajo? ¿Debería ir a esa universidad? ¿Qué debería hacer? ¿Debería ser esto o debería hacer aquello?". Usted debería decidir ayunar para buscar de Él el camino correcto para su vida.

En segundo lugar, debería ayunar por sus pequeños, sus hijos. Dios dijo que usted puede poner un fundamento para muchas generaciones mediante el ayuno. Algo comienza a suceder en el hogar de las personas que ayunan. Se edifica la casa de la fe, y se extiende de generación, a generación y generación.

Una noche en Louisiana yo fui testigo de una de las cosas más conmovedoras que jamás haya visto. Fui a una iglesia en Louisiana donde había habido una reunión de oración perpetua que había tenido lugar durante más de treinta años. Suena increíble, pero había habido personas orando en la iglesia continuamente durante más de treinta años. No se había pasado por alto ningún momento, ni por vacaciones ni por ningún otro factor.

Estábamos en esa reunión de oración de aquella iglesia a la una de la madrugada, y seis personas estaban allí en la iglesia orando. Era asombroso para mí que ellos hubieran estado haciendo eso no solo durante un año o un periodo de días; lo habían estado haciendo durante veinticuatro horas al día por más de treinta años.

Al día siguiente, el pastor pidió presentarme a la persona que había comenzado esa reunión de oración. Ella era una anciana santa de Dios con cabello gris recogido en un moño. Se parecía a una de esas abuelitas de oración guerreras, si sabe lo que me refiero. Cuando él la presentó, ella impuso sus manos sobre mí y oró por mí. Fue una experiencia muy conmovedora.

Su hijo es ahora el pastor de la iglesia. Pero cuando su hijo era solamente un niño, ella hizo una promesa a Dios de que cada año por su cumpleaños ella se encerraría en la iglesia desde el amanecer hasta el atardecer llevándole ante Dios en oración. Ella ayunaba y oraba por él exclusivamente todo el día, cada año, el día de su cumpleaños. Él tenía entonces más de cincuenta años de edad, y ella nunca se había perdido ni uno solo de sus cumpleaños.

Él se ha convertido en un gran predicador, un gran hombre de Dios. Cuando Bill Clinton era gobernador de Arkansas, fue invitado a la iglesia de este hombre para ver la obra de Navidad acerca del Mesías. Él asistió, y quedó tan conmovido que comenzó a acudir cada año para verla. Cuando llegó a ser presidente, seguía acudiendo con algunas personas de su equipo, y todos iban a esa iglesia solamente para ver ese poderoso drama de la Navidad. El pastor y Bill Clinton se hicieron amigos personales. Cuando, al ser presidente de los Estados Unidos, surgieron problemas en la Casa Blanca y él se vio involucrado en un dilema moral nacionalmente publicado, una de las primeras personas a quienes Bill Clinton llamó fue a este hombre que tenía una mamá que se encerraba en la iglesia para ayunar y orar por él en su cumpleaños, pronunciando el nombre de ese muchacho y pidiendo a Dios que le utilizase. Yo creo que la oración de esa madre fue la razón de que ese hombre pudiera ministrar a la familia Clinton de forma poderosa.

Deje de preocuparse por las cosas que no le gustan. Solamente sepa que Dios tiene a alguien orando y que algún guerrero de oración está conectado esa situación. ¿Me está oyendo alguien? Eso me dejó perplejo. Quizá eso no conmueva a nadie del modo en que me conmueve a mí, pero pensar que una madre puede encerrarse en una iglesia y ayunar y orar y que Dios pueda tomar a su hijo y le llame a convertirse en la voz espiritual para el hombre más poderoso del planeta en ese momento. ¡Eso sí es increíble!

En tercer lugar, aprendemos en Esdras 8:21 que deberíamos ayunar por los bienes. Ayunamos para pedir a Dios por nuestros bienes, nuestros recursos, nuestras finanzas. Afirmamos a Dios que Él es nuestra Fuente, y le estamos rogando que nos bendiga económicamente y materialmente.

CONCLUSIÓN

Cuando ayunamos, buscamos seriamente el rostro de Dios. El ayuno interrumpe los asuntos de cada día. ¿Está usted buscando eso? ¿Está clamando para que Dios haga algo en usted que nunca antes haya hecho? ¿Está cansado de los negocios como siempre son? Entonces, ¡prepárese para comenzar su ayuno!

PREPARACIÓN

A l prepararse para este increíble viaje de veintiún días de ayuno y oración, hay algunas cosas que quiero impartirle. Si aún no lo tiene, establezca un lugar y una hora en que pueda usted orar. La oración es crítica durante el ayuno para acercarse y escuchar lo que el Señor le esté diciendo. Utilice este diario para hacer anotaciones de su viaje. Se alegrará dentro de algunos años al ver las cosas increíbles que han llegado a suceder. ¿Cómo decide el tipo de ayuno que hará usted durante los veintiún días? Eso queda entre usted y Dios, y debería ser un asunto de oración antes de comenzar. Puede que se sienta guiado a realizar un ayuno completo en el cual solamente beba líquidos durante cierto número de días, especialmente mucha agua. En ese tipo de ayuno, puede también tomar sopa y 100 por ciento de jugos para mantener su fortaleza.

De los muchos ayunos diferentes mencionados en la Escritura, otro ayuno comúnmente practicado es el ayuno parcial. El ayuno parcial puede interpretarse de muchas maneras. Normalmente implica renunciar a ciertos alimentos y bebidas durante un largo periodo de tiempo. El ejemplo más frecuentemente utilizado de ayuno parcial se encuentra en el libro de Daniel, en los capítulos 1 al 10. Al comienzo de su cautividad en Babilonia (Daniel 1), Daniel y tres compañeros se negaron a comer las carnes escogidas y los dulces de la mesa del rey, pidiendo en cambio que solo les dieran a comer verduras y agua. Hicieron eso durante diez días para demostrar que ellos estarían tan sanos como los hombres del rey.

Aunque usted se estará absteniendo de alimento como su sacrificio, no permita que los aspectos legalistas de un ayuno dejen fuera los aspectos relacionales de la cercanía al Señor. Él conoce su corazón. La cercanía al Señor es su meta, y el ayuno es el método para llegar a su meta. Hay algunas otras cosas en las que enfocarse durante este periodo que le ayudarán a mantener un "vaso limpio". Por ejemplo, debería usted refrenarse de hablar de manera crítica, difundiendo palabras negativas sobre otra persona. Nuestra iglesia practica esta disciplina cada año, y los resultados son sorprendentes. Considere el limitar la cantidad de tiempo que ve la televisión y la cantidad de tiempo que emplea en cosas que le distraen. Su ayuno no solo será un periodo de sacrificio, sino también un periodo de mayor guerra espiritual. Usted necesita estar en su mejor momento.

Y, desde luego, disfrutará de muchas recompensas espirituales del ayuno, como escuchar la voz de Dios con más claridad. Me encantan las ocasiones en que solo estamos Jesús y yo y las lágrimas comienzan a brotar. Mi momento favorito es cuando Él parece entrar en la habitación y yo me siento abrumado. Denomino esos momentos los "lugares dulces".

También es importante que tenga a su disposición su música de adoración favorita y pase tiempo adorando. Y si es posible, le recomiendo encarecidamente que establezca alguna forma de rendir cuentas durante el ayuno, ya sea con alguien que esté ayunando con usted o con un compañero de oración.

En Daniel capítulo 10, Daniel quedó entristecido y cargado con la revelación que había recibido para Israel. No comió panes escogidos ni carne, y no bebió vino durante tres semanas. Entonces describió al ángel que le fue enviado, pero que había sido retrasado por el príncipe de Persia durante veintiún días, con las respuestas que Daniel buscaba. Su ayuno rompió el poder de quien le retrasaba y liberó a los ángeles de Dios de modo que los propósitos de Dios pudieran ser revelados y cumplidos.

Siempre que comience un ayuno, recuerde que si no significa nada para usted, tampoco significará nada para Dios. Sin que esté combinado con oración y la Palabra, ayunar es poco más que hacer una dieta. Pero quiero que entienda algo muy importante:

el ayuno en sí mismo es una oración continua delante de Dios. Puede que haya días en que el cielo se abre y su corazón se ve impulsado a profundos periodos de oración; pero puede que haya otros días en que su energía sea escasa y usted parezca no poder enfocarse en absoluto en la oración. No se condene a usted mismo. Dios ve su sacrificio.

EL COMIENZO

¡Mi ayuno de veintiún días comienza hoy!

Me comprometo a ayunar desde (fecha) _____ hasta
(fecha) _____

La razón por la cual estoy ayunando:

_____

_____

_____

¿De qué estoy ayunando?

_____

_____

_____

Los resultados de mi ayuno:

_____

_____

_____

¿Qué es ayunar? Ya que hay tantas ideas erróneas al respecto, en primer lugar quiero aclarar lo que es el ayuno, el ayuno bíblico. Ayunar no es meramente pasarse sin comida durante un periodo de tiempo. Eso es pasar hambre, incluso hacer dieta, pero el ayuno no es eso. El ayuno no es tampoco algo que un grupo de fanáticos hace. Realmente quiero que se entienda ese punto. El ayuno no solo deben realizarlo monjes religiosos a solas en alguna cueva en cierto lugar. La práctica de ayunar no está limitada a los ministros ni a ocasiones especiales. En pocas palabras, el ayuno bíblico es abstenerse de alimentos con un propósito espiritual. El ayuno siempre ha sido una parte normal de una relación con Dios. Tal como expresa el ruego apasionado de David en el Salmo 42, el ayuno lleva a la persona a una relación más profunda, más íntima y más poderosa con el Señor.

Cuando usted elimina los alimentos de su dieta durante cierto número de días, su espíritu queda liberado de las cosas de este mundo y es increíblemente sensible a las cosas de Dios. Como afirmó David:

"Un abismo llama a otro".

—Salmo 42:7

David estaba ayunando. Su hambre y sed por Dios eran mayores que su deseo natural de comer y, como resultado, llegó a un lugar donde pudo clamar desde las profundidades de su espíritu a las profundidades de Dios, incluso en medio de su prueba. Cuando usted haya experimentado aunque sea un destello de ese tipo de intimidad con nuestro Dios, nuestro Padre, el santo Creador del universo, y las incontables recompensas y bendiciones que siguen, toda su perspectiva cambiará. Pronto se dará cuenta de que el ayuno es una fuente secreta de poder que muchos pasan por alto.

Cordón de tres dobleces no se rompe pronto.

—Eclesiastés 4:12

Durante los años en que Jesús caminó por esta tierra, dedicó tiempo a enseñar a sus discípulos los principios del Reino de Dios, principios que están en conflicto con los principios de este mundo. En las Bienaventuranzas, concretamente en Mateo 6, Jesús proporcionó el patrón mediante el cual cada uno de nosotros debe vivir como hijo de Dios. Ese patrón habló de tres obligaciones concretas del cristiano: ofrendar, orar y ayunar. Jesús dijo: "Cuando des…", y "cuando ores…", y "cuando ayunes…". Él dejó claro que el ayuno, al igual que el ofrendar y el orar, era una parte normal de la vida cristiana. Debería darse tanta atención al ayuno como la que se da al ofrendar y al orar.

El ayuno le lleva a una relación más profunda, más íntima y más poderosa con el Señor. ¡Va usted de camino!

> Cuando Dios ha puesto un sueño
> en su interior que solamente
> Él puede hacer posible, necesita usted
> ayunar y orar. Sea bueno o malo,
> lo que haya en usted saldrá
> solamente cuando ayune y ore.

En su primer día de ayuno, recuerde:

◊ Ore y permanezca en la Palabra de Dios.

◊ Beba mucha agua.

◊ Espere dolor de cabeza, calambres de hambre y deseo de alimentos, de azúcar y de cafeína.

◊ Ponga música de alabanza y adoración todo lo posible.

Pensamientos para su diario:

◇ ¿Cuáles son sus propias razones personales para el
  ayuno?

◇ ¿Desea sensibilidad a las cosas de Dios?

_____

_____

_____

_____

_____

Enfoque de oración del día 1:

SALVACIÓN DE ALMAS

No hay mayor carga por la cual buscar al Señor que la salvación de almas. Si tiene usted amigos y familiares que no son salvos, y todos los tenemos, ellos necesitan escuchar del amor de Dios por ellos, pero también necesitan entender que hay un lugar real, muy oscuro y muy aterrador para quienes no aceptan a Jesús. El Señor habló más del infierno de lo que habló del cielo. Por tanto, al comenzar este ayuno, deje que su enfoque esté en las almas de las personas cercanas a usted y que necesitan salvación. No se desaliente, sino sea persistente. ¡Siga orando! "Así, pues, consideren a aquel que perseveró frente a tanta oposición por parte de los pecadores, para que no se cansen ni pierdan el ánimo" (Hebreos 12:3, nvi).

Mi "lista" espiritual

Familiares y amigos que no son salvos a los que apuntar en oración durante este ayuno. Escriba sus nombres en los espacios a continuación:

> Les digo que éste es el
> momento propicio de Dios;
> ¡hoy es el día de salvación!
> —2 Corintios 6:2, NVI

HAMBRE DE PAN VIVO

Muchos cristianos descubren que están mal nutridos en la Palabra de Dios pero bien alimentados del mundo, y viven vidas derrotadas como resultado. ¿De dónde proviene el tipo de fe que le capacita para mirar a Dios y creer su Palabra independientemente de lo difíciles que puedan parecer sus circunstancias? Su hija no es salva y consume drogas. Su padre está en el hospital. Usted está a punto de ser desahuciado de la casa que renta porque se ha vendido y usted fue descartado de poder comprar. Su matrimonio después de veinte años ha llegado a su fin, y se han firmado los documentos de divorcio. Podría continuar con la lista. Todas ellas son circunstancias muy reales que no tienen solución alguna en lo natural. ¿De dónde proviene tal fe?

"Así que la fe es por el oír, y el oír, por la palabra de Dios" (Romanos 10:17). Otra versión de este pasaje afirma que la fe viene por oír lo que se dice, y lo que se oye viene por la predicación del mensaje que sale de los labios de Cristo (el Mesías). Al oír la Palabra de Dios, al oír la predicación del evangelio, aumenta la fe. Hay algo especial en estar en una iglesia donde fluye la unción y usted oye la Palabra de Dios predicada. La fe no proviene de programas, dinámicos equipos de alabanza o de estar con un grupo de personas semejantes a usted. La fe viene cuando usted oye a un hombre o una mujer de Dios predicar la Palabra sin concesión alguna a todo aquel que escuche. Ese es el lugar de nacimiento de la fe. Si esta revelación verdaderamente se apodera de su espíritu, nunca permitirá usted que el diablo le convenza para que no sea fiel a la casa de Dios.

En la introducción al libro *El ayuno*, mencioné que Eva vio que el fruto era bueno como alimento. La Palabra de Dios para Adán y Eva fue: "porque el día que de él comieres, ciertamente morirás" (Génesis 2:17). Sin embargo, Eva actuó según la sabiduría del mundo que fue pronunciada por la serpiente en vez de alejarse en fe de que la Palabra de Dios era verdad.

Como contraste, cuando Jesús ayunó en el desierto fue tentado por la misma voz que tan astutamente le había susurrado a Eva. Sin embargo, Jesús respondió: "Escrito está: No sólo de pan vivirá el hombre, sino de toda palabra que sale de la boca de Dios" (Mateo 4:4). ¿Qué había oído Jesús justamente antes de comenzar ese periodo de ayuno? "Y hubo una voz de los cielos, que decía: Este es mi Hijo amado, en quien tengo complacencia" (Mateo 3:17). La Palabra de Dios le sostuvo a lo largo de cuarenta días y noches sin alimento.

Cómo me gustaría que el Cuerpo de Cristo en la actualidad tuviera esa misma hambre de la Palabra de Dios. Me encantaría ver el día en que, si un cristiano tuviera que hacerlo, ¡fuese a la iglesia en pijama en lugar de perderse el *oír* la Palabra de Dios! Sé que eso suena extremo, pero vivimos en tiempos extremos. Necesitamos entender las palabras de Jesús cuando dijo: "El cielo y la tierra pasarán, pero mis palabras no pasarán" (Marcos 13:31).

En cualquier cosa que usted haga, el primer paso es el más difícil, pero a medida que realice este viaje de veintiún días descubrirá que Dios está ahí para encontrarse con usted en cada punto crítico a lo largo del camino.

> El Hijo de Dios ayunó porque sabía que había cosas sobrenaturales que solamente podían ser liberadas de ese modo. ¿Cuánto más debería ser el ayuno una práctica común en nuestras vidas?

En su segundo día de ayuno, recuerde:

◇ Ore y permanezca en la Palabra de Dios.

◇ Descanse para conservar su energía.

◇ El segundo y el tercer día son los más desafiantes.

◇ Su cuerpo comienza a quemar grasa para obtener energía, un proceso denominado "cetosis".

Pensamientos para su diario:

◇ ¿Necesita una relación más profunda, más íntima y más poderosa con el Señor?

◇ ¿Necesita un encuentro nuevo con Dios?

Enfoque de oración del día 2:

PASTORES

Su pastor, todos los pastores, necesitan oración. A veces, el peso del ministerio puede ser tan abrumador que el gozo, la frescura y el poder del llamamiento pueden ser olvidados. Al igual que con Elías, el espíritu de Jezabel intenta atraparle mediante la lujuria y el orgullo, y si eso no funciona, causa desánimo y derrota (véase 1 Reyes 18—19). Los ataques afectan no solo a los pastores, sino con frecuencia también a sus familias. El ayuno y la oración por protección, gozo restaurado y una mayor unción en la vida de su pastor liberarán incontables bendiciones sobre él, sobre su iglesia e incluso sobre su propia vida. Si conoce usted áreas concretas a las que pueda apuntar en oración, enumérelas a continuación.

Puntos concretos de oración por mi pastor y su familia:

_____

_____

_____

_____

_____

> Y el Dios de paz que resucitó de los muertos a nuestro Señor Jesucristo, el gran pastor de las ovejas, por la sangre del pacto eterno, os haga aptos en toda obra buena para que hagáis su voluntad, haciendo él en vosotros lo que es agradable delante de él por Jesucristo; al cual sea la gloria por los siglos de los siglos. Amén.
> —Hebreos 13:20–21

DEJAR ATRÁS SU PUNTO DE ABANDONO

El ayuno aviva un hambre en su espíritu más profunda que cualquier hambre temporal que usted experimente en su carne. Cuando usted *tiene hambre* de Dios, ¡Él le llenará! Jesús pasó por ciudades donde no pudo hacer ningún milagro, porque no había hambre. En esta época, Dios dice: "Estoy buscando a alguien que quiera algo. Estoy buscando a alguien que haga algo más que aparecer en otro servicio de la iglesia, ¡sino que tenga hambre de lo que yo quiero poner en esa persona!".

¿Por qué se pasa por alto el ayuno con tanta frecuencia? Yo creo que la razón principal es una que ha inundado a la humanidad desde el comienzo de la creación.

Mire, ayunar significa crucificar lo que yo denomino el rey Estómago. Y en caso de que no sepa quién es el rey Estómago, simplemente aparte un poco este libro, mire hacia abajo y preséntese. Probablemente, ¡ya le haya oído rugir en desacuerdo una o dos veces desde que comenzó a leer este libro!

Se ha dicho que el camino hacia el corazón del hombre es por medio de su estómago. La mayoría de las mujeres han llegado a saberlo, ¡pero necesitamos comprender que el diablo también lo sabe! Algunas personas—concretamente cristianas—¡podrían ser la situación geográfica del "abismo sin fondo"! Considere por un momento lo que le ha sucedido a la raza humana mientras ha estado bajo el gobierno del rey Estómago.

Podemos comenzar en el principio, al regresar hasta el huerto del Edén hasta el momento en que la serpiente era astuta y convenció a Eva de que debería comer del árbol prohibido, asegurándole que no moriría. "Y vio la mujer que el árbol era bueno para comer... y tomó de su fruto, y comió; y dio también a su marido, el cual comió así como ella" (Génesis 3:6).

Y con esa sola comida, Adán y Eva, de inmediato, pasaron de disfrutar pacíficamente de la presencia de Dios en el frescor del huerto a ocultarse con temor de su presencia entre los árboles del huerto. Ellos literalmente salieron comiendo de la casa y el hogar. Salieron comiendo de la voluntad de Dios para su vida. Salieron comiendo de la provisión de Dios, su plan para la vida de ellos y de su magnífica presencia. Pero sus estómagos quedaron temporalmente satisfechos, y nosotros aún sufrimos las consecuencias de sus apetitos en la actualidad.

Al hablar de los pecados de Sodoma y Gomorra, la gente normalmente se enfoca en la desenfrenada homosexualidad que había en aquellas ciudades, pero eso no es todo lo que la Biblia enseña. El Señor le dijo a Israel por medio del profeta Ezequiel: "He aquí que esta fue la maldad de Sodoma tu hermana: soberbia, saciedad de pan, y abundancia de ociosidad tuvieron ella y sus hijas; y no fortaleció la mano del afligido y del menesteroso. Y se llenaron de soberbia, e hicieron abominación delante de mí, y cuando lo vi las quité" (Ezequiel 16:49–50).

Lo primero que puede que observe es que no daban (afligidos y necesitados) y no oraban, lo cual indica soberbia y ociosidad. Pero es interesante observar que los habitantes de aquellas ciudades no solo eran culpables de homosexualidad, según el relato en Génesis, sino que también, como vemos aquí, eran culpables de glotonería (saciedad de pan). Junto con sus otros pecados, su excesiva lealtad al rey Estómago ¡los llevó directamente a la condenación!

En este tercer día está usted atravesando un obstáculo crucial en su camino hacia su meta de veintiún días. Por tanto, no abandone; ¡siga con hambre!

> Como Jesús les dijo a los discípulos en el pozo
> en Samaria, cuando usted se abre a conocer
> la voluntad del Padre y a hacer la voluntad
> del Padre, ningún filete ni pastel se compara.
> Nada puede llenarle y satisfacerle como eso.

En su tercer día de oración, recuerde:

◊ Ore por aliento.

◊ Este es normalmente el día más difícil del ayuno.

◊ Comienza una pérdida de peso notable.

Pensamientos para su diario:

◊ ¿Qué le está mostrando el Espíritu Santo sobre su aguante?

◊ ¿Qué sueños están en su corazón que solamente Dios puede hacer posibles?

Enfoque de oración del día 3:

DIRECCIÓN, GUÍA, SUEÑOS Y VISIONES

Durante este ayuno, busque a Dios para obtener dirección y guía para su vida. Pablo dijo: "no fui rebelde a la visión celestial" (Hechos 26:19). La visión proviene de Dios para ayudarle a usted y a otras personas y establecer su Reino en la tierra (no confundir con ambición, la cual proviene de la carne y es egoísta). Recuerde las seis etapas de una visión:

◊ *La pensé:* Dios le da la visión.

◊ *La agarré:* usted comienza a emocionarse por la visión.

◊ *La compré:* usted considera el costo de la visión y paga el precio.

◊ *La busqué:* nadie puede convencerle de otra cosa.

◊ *La obtuve:* usted realmente posee el sueño y está contento de haber pagado el precio para obtenerlo.

◊ *La enseñé:* usted la transmite a la siguiente generación.

¡Nunca se conforme con nada menos que lo mejor de Dios para su vida! Como Dios le dijo a Habacuc: "Escribe la visión, y declárala en tablas…aunque tardare, espéralo" (Habacuc 2:2–3).

¿Qué visión le ha dado Dios? Escríbala y enfóquese en ella durante el ayuno.

_____

_____

_____

_____

_____

_____

_____

_____

> Por Jehová son ordenados
> los pasos del hombre, y él
> aprueba su camino.
> —Salmo 37:23

DIRIGIR SUS ORACIONES

Pablo dijo que las armas de nuestra milicia "no son carnales, sino poderosas en Dios para la destrucción de fortalezas" (2 Corintios 10:4). Y tales armas necesitan ser afiladas para dar adecuadamente en el blanco. En Mateo 17, los discípulos estaban frustrados porque no pudieron echar fuera al demonio del cuerpo del muchacho. Jesús explicó: "Pero este género no sale sino con oración y ayuno" (v. 21). Entre otras cosas, el ayuno le ayuda a enfocarse y a dirigir sus oraciones con más eficacia.

Me encanta la afirmación que Jesús hizo en Juan 10:27: "Mis ovejas oyen mi voz" (énfasis añadido). Así es como Él nos creó. Él nos habla, y nosotros somos capaces de oírle hablar. ¿Quiere oír la voz del Creador? ¿Quiere conocer a Jesús más profundamente? ¿Quiere saber la dirección que Él desea que usted tome en la vida? Yo sí.

Cuando estaba terminando mi libro *El ayuno*, estaba comenzando mi séptimo ayuno de veintiún días desde que entré en el ministerio. Comencé mi primer ayuno cuando tenía solo diecisiete años de edad. Mis padres fueron siempre ejemplos de ser devotos cuando yo crecía; así que a esa joven edad, yo era consciente de que el ayuno era una parte de ser un verdadero seguidor de Cristo. Si está usted leyendo este libro y es padre o madre, quiero que sepa que hasta los niños pueden comenzar a entender estos conceptos, y es importante que los aprendan a temprana edad.

Anteriormente a ese primer ayuno de veintiún días a la edad de diecisiete años, yo había hecho otros más breves. De hecho, fue durante un ayuno de tres días cuando Dios me reveló cuál era la misión que me encomendaba. Yo estaba orando y buscando su voluntad, y fue entonces cuando Él me llamó a predicar. Recientemente, el Señor compartió conmigo algo que creo que le ayudará, pues usted desea oír su voz y conocer su voluntad. Él simplemente dijo: "Cada misión tiene un lugar de nacimiento". Cada misión, cada llamado de Dios, cada dirección de parte de Él comienza en algún lugar. Dios tiene misiones concretas para su vida. Pero ¿cómo las descubre usted? ¿Cómo oye la voz de Él? ¿Cómo sabrá cuál es la voluntad de Él para su vida, sus planes para usted? ¿Con quién debería casarse? ¿Dónde debería vivir? ¿Qué empleo debería aceptar? ¿Qué campo de misión está llamando su nombre?

La respuesta puede encontrarse en la apelación que Pablo hizo a los romanos: "…que presentéis vuestros cuerpos en sacrificio vivo, santo, agradable a Dios, que es vuestro culto racional" (Romanos 12:1). ¿Recuerda las tres obligaciones cristianas de las que hablé en el día 1? Ofrendar, orar y *ayunar*. Es así como usted "presenta" su cuerpo a Dios en sacrificio "vivo". Ayunar le mantiene sensible a su Espíritu, capacitándole para vivir de manera santa. Pablo siguió diciendo: "No os conforméis a este siglo, sino transformaos por medio de la renovación de vuestro entendimiento, *para que comprobéis cuál sea la buena voluntad de Dios, agradable y perfecta*" (Romanos 12:2, énfasis añadido).

Estoy convencido de que nunca caminaremos en la perfecta voluntad de Dios hasta que le busquemos mediante el ayuno. Cuando usted presenta su cuerpo de esa manera, se abre para oír de parte de Dios, y descubrirá o probará su bondad y su voluntad perfecta para su vida. Pablo estaba ayunando cuando Dios le llamó y le comunicó la misión para su vida (Hechos 9:7–9). Pedro estaba ayunando en el terrado cuando Dios le dio una revelación y le llamó a llevar el evangelio a los gentiles (Hechos 10). El ayuno prepara el camino para que Dios le dé una revelación nueva, visión fresca y un claro propósito.

En el libro de Joel, el Señor dijo: "Y después de esto derramaré mi Espíritu sobre toda carne, y profetizarán vuestros hijos y vuestras hijas; vuestros ancianos soñarán sueños, y vuestros jóvenes verán visiones" (Joel 2:28). Dios iba a derramar avivamiento *después*. Él estaba revelando su voluntad para su pueblo después. ¿Después de qué? Después de un ayuno. Israel estaba en pecado, y Dios estaba llamando a su pueblo a ayunar en arrepentimiento como pueblo: "Tocad trompeta en Sion, proclamad *ayuno*, convocad asamblea" (v. 15, énfasis añadido). Su promesa para ellos era derramar avivamiento y bendiciones sobre la tierra.

No sé de usted, pero yo estoy listo para esas épocas de "después", cuando Dios derrama avivamiento, ¡cuando nuestros hijos e hijas profetizan! ¿Qué estamos esperando cuando leemos versículos como 2 Crónicas 7:14? ¿Puede imaginarse qué sucedería si los creyentes en Estados Unidos realmente se apropiaran de esto, si se humillaran (ayunaran) y oraran? ¡Dios sanaría nuestra nación y enviaría avivamiento!

Pero si Él ha de derramar vino nuevo, nuestros odres tendrán que cambiar. Jesús dijo:

"Y nadie echa vino nuevo en odres viejos; de otra manera, el vino nuevo rompe los odres, y el vino se derrama, y los odres se pierden; pero el vino nuevo en odres nuevos se ha de echar".
—Marcos 2:22

Dios no puede poner ese tipo de vino en odres viejos. Si quiere usted vino nuevo, milagros nuevos, una cercanía nueva, una nueva intimidad con Él, entonces es momento de proclamar un ayuno y sustituir ese odre viejo por el nuevo.

El ayuno prepara el camino para que Dios le dé nueva revelación, visión fresca y un claro propósito.

Su cuarto día de ayuno, recuerde:

◊ Escuche mientras ora.

◊ Anote la respuesta de Él a sus oraciones.

◊ Usted comienza a asentarse en el ayuno.

Pensamientos para su diario:

◊ ¿Hay alguna sanidad que necesite físicamente?

◊ ¿Cuáles son las necesidades en su familia en este momento?

_____

_____

_____

_____

_____

Enfoque de oración del día 4:

INTERCESORES

Usted es un "portero" espiritual en su lugar, en su familia y en su ciudad. Sus oraciones intercesoras por estas áreas ayudan a mantener un muro de protección contra el ataque demoniaco. Interceder es intervenir, participar por causa de otro. Incluso personas que nunca le hablarían a usted en persona no tienen defensa alguna contra sus oraciones. Sus oraciones pueden entrar en bares. Sus oraciones pueden entrar en casas de drogas. Sus oraciones pueden llegar a cualquier lugar. E. M. Bounds dijo: "Las oraciones sobreviven a las vidas de aquellos que las pronunciaron". Pase este día enfocándose en su vida de oración intercesora, orando por otros intercesores, y orando para que Dios levante más intercesores. ¡Necesitamos oraciones que sobrevivan a nuestra generación!

Objetivos intercesores para mi familia, mi ciudad y mi país:

_____

_____

_____

_____

_____

_____

_____

Oren en el Espíritu en todo
momento, con peticiones y ruegos.
Manténganse alerta y perseveren
en oración por todos los santos.
—Efesios 6:18, NVI

Día 5

AYUNAR Y ORAR

Jesús, a la vez que era una figura muy pública, realmente era una persona muy privada. No se le ve orando en público ni cercanamente a lo que se le ve orando en privado. De hecho, nuestro Salvador estaba tan comprometido a la oración privada que con frecuencia oraba durante horas y horas, incluso durante toda la noche. Parecía anhelar momentos íntimos a solas con su Padre celestial. Pero si Jesús pudiera haber logrado todo lo que vino a hacer solamente por la oración, ¿por qué ayunaba?

¿Podríamos estar perdiéndonos nuestros mayores avances porque no ayunamos? ¿Recuerda la producción al treinta, al sesenta y al ciento por uno de la que habló Jesús (Marcos 4:8, 20)? Veámoslo de esta manera: cuando usted ora, puede liberar ese aumento del treinta por uno, pero cuando tanto la oración como el ofrendar son parte de su vida, creo que eso libera la bendición al sesenta por uno. Pero cuando las tres cosas, ofrendar, orar y ayunar, son parte de su vida, ¡puede ser liberada esa bendición del ciento por uno!

Si ese es el caso, tiene usted que preguntarse qué bendiciones no están siendo liberadas. ¿Qué respuestas a la oración no están llegando? ¿Qué ataduras no están siendo rotas porque no ayunamos?

Mateo relata la historia de un padre que tenía un hijo poseído por un demonio. Por años había visto desesperanzado a su hijo sufrir graves convulsiones. A medida que creció, los ataques se volvieron tan graves que el muchacho frecuentemente se lanzaba a un fuego o al agua. Un espíritu suicida le atormentaba constantemente; la situación se volvió amenazadora para la vida.

Al haber agotado todo intento de curar al muchacho, incluso al haberle llevado a los discípulos sin éxito, la grave situación del padre parecía imposible. Entonces oyó que Jesús estaba cerca. Acercándose al Maestro clamó: "Señor, ten misericordia de mi hijo, que es lunático, y padece muchísimo; porque muchas veces cae en el fuego, y muchas en el agua. Y lo he traído a tus discípulos, pero no le han podido sanar" (Mateo 17:15–16).

Cuando llevaron al muchacho ante Jesús, la Biblia dice: "Y reprendió Jesús al demonio, el cual salió del muchacho, y éste quedó sano desde aquella hora" (v. 18). Pero ¿qué marcó la diferencia? Después de todo. Mateo 10:1 dice que Jesús le había dado a los discípulos poder para echar fuera espíritus malos y para sanar toda enfermedad. Entonces, ¿por qué no pudieron los discípulos echar fuera al demonio y sanar al muchacho?

Eso es lo que ellos también querían saber, y por eso más entrada aquella noche, cuando estaban a solas con Jesús, se lo preguntaron. Jesús respondió: "Por vuestra poca fe; porque de cierto os digo, que si tuviereis fe como un grano de mostaza, diréis a este monte: Pásate de aquí allá, y se pasará; y nada os será imposible. Pero este género no sale sino con oración y ayuno" (Mateo 17:20–21).

Ahora bien, yo he leído ese pasaje muchas veces, e incluso he enseñado de él; pero cada vez me he enfocado en la frase: "y nada os será imposible". Creo que muchas personas se detienen justamente aquí, pero Jesús no lo hizo porque Él sabía que había más; mucho más.

Mire, esa pequeña palabra, *pero*, es la conexión, es la llave que abre el poder en la frase "y nada os será imposible". Jesús les dijo a los discípulos que necesitaban fe, incluso fe tan pequeña como una diminuta semilla. Pero eso no fue todo. Mucho antes de este incidente, el Espíritu Santo condujo a Jesús al desierto, donde pasó cuarenta días y cuarenta noches sin tomar alimento alguno. "Pero este género no sale sino con oración y ayuno". Para Jesús, echar fuera a ese terco demonio no era imposible.

Si Jesús pudiera haber logrado todo lo que vino a hacer sin ayuno, ¿por qué ayunó? El Hijo de Dios ayunó porque sabía que había cosas sobrenaturales que solamente podían ser liberadas de ese modo. ¿Cuánto más debería ser el ayuno una práctica común en nuestras vidas?

> Si está usted preparado para llevar bendiciones sobrenaturales a su vida y liberar el poder de Dios para vencer cualquier situación, comience hoy haciendo que la disciplina del ayuno sea una parte de su vida. ¡Será grandemente recompensado!

En su quinto día de ayuno, recuerde:

◊ Vaya anotando su viaje.

◊ Concéntrese en su propio tiempo personal de oración y lugar de oración.

◊ Los dolores de cabeza y los calambres comienzan a remitir.

◊ El mal aliento se hace obvio a medida que su cuerpo se desintoxica.

Pensamientos para su diario:

◊ ¿Por qué cree que ayunar es importante a fin de lograr sus mayores victorias?

◇ Jesús ayunó, y Él se relacionaba íntimamente con su Padre celestial. ¿Cómo le ha ayudado este ayuno, hasta ahora, a relacionarse con su Padre celestial?

_____

_____

_____

_____

_____

Enfoque de oración del día 5:

SALUD Y SANIDAD

Tome tiempo hoy para dar gracias a Dios porque Jesús es su sanador. Si hay enfermedad en su cuerpo o en su mente, o en el cuerpo o la mente de un ser querido, comience a declarar salud y sanidad en el nombre de Jesús. Comience a declarar: "Por sus llagas *soy* sanado… Con larga vida me satisfarás a mí y a mi familia, y me mostrarás tu salvación" (véase Isaías 53:5; Salmo 91:16). Solamente comience a declararlo en voz alta porque cosechará lo que diga. Mediante sus palabras y oraciones, libere salud y sanidad sobre su cuerpo, su familia, su iglesia y su ciudad. Que el nombre de Jehová Rafa, el Sanador, ¡sea proclamado en esta generación!

Objetivos de sanidad concretos:

_____

_____

_____

_____

_____

_____

_____

_____

_____

_____

> Pero para ustedes que temen mi
> nombre, se levantará el sol de justicia
> trayendo en sus rayos salud.
> —Malaquías 4:2, NVI

DIOS SE DELEITA EN LA RENOVACIÓN

A veces necesitamos renovación en nuestra vida espiritual. El ayuno es una de las maneras en que usted puede limpiar su cuerpo y ayudar en el proceso de comunicarse con el Padre. Dios ya está levantando personas en este tiempo que ya no quieren una dieta solamente de "iglesia como siempre". Las personas que tienen hambre son personas desesperadas.

Si no tenemos cuidado, podemos permitir que la vida nos lleve a los mismos hábitos y rutinas de siempre sin ni siquiera darnos cuenta. Nuestra relación con el Señor puede sufrir el mismo destino. Cuando no hacemos lo necesario para mantenernos afilados y sensibles al Espíritu Santo, nuestra adoración, alabanza, ofrendas e incluso predicación pueden volverse rutinas insensibles para Dios. Como creyente, puede usted orar, leer su Biblia y asistir a la iglesia semana tras semana, y aún así seguir perdiendo de vista su primer amor. No es que usted no ame al Señor, sino que el ajetreo de la vida puede llevarle hasta el punto de perder su frescura, su entusiasmo y su sensibilidad a su Espíritu y a lo que a Él le agrada.

Mi madre era una excelente cocinera, pero si ella se hubiera quedado tan enredada en otras cosas que lo único que nos pusiera sobre la mesa para comer fuese pastel de carne cada día de la semana, no creo que hubiera pasado mucho tiempo hasta que yo encontrase otro lugar donde comer. El decepcionante sonido de comentarios como: "Ah, mamá, ¿pastel de carne otra vez?", habría sido común en mi casa. ¿Y si Dios tuviera hambre y lo único que tenemos para alimentarle es nuestras mismas rutinas religiosas aburridas día tras día? De modo parecido a terminar con pastel de carne sobre la mesa cada día, puedo oír a nuestro Padre celestial suspirando: "¿Otra vez religión?".

Por eso Dios dijo a Israel: "Si yo tuviese hambre, no te lo diría a ti; porque mío es el mundo y su plenitud" (Salmo 50:12). Dios posee el ganado sobre mi colinas. Él no necesita nuestras rutinas; Él no saborea nuestra actividad insensible. Él no quiere nuestras "sobras" cuando puede ser "alimentado" en algún otro lugar. La adoración verdadera que sale de nuestros corazones le alimenta y le satisface; es algo que Él desea, y que merece. Nuestra religiosidad de hacer lo mismo una vez por semana no le agrada a Él como le agrada nuestra obediencia a su Palabra.

La razón de que este tema encaje en un libro sobre el ayuno es sencilla: el ayuno es un medio constante de renovarse usted mismo espiritualmente. La disciplina del ayuno le saca de la rutina del mundo. Es una forma de adoración: ofrecer su cuerpo a Dios como sacrificio vivo es santo y agradable a Dios (Romanos 12:1). La disciplina del ayuno le humillará, le recordara su dependencia de Dios y le llevará de nuevo su primer amor. Hace que las raíces de su relación con Jesús sean más profundas.

Hay dimensiones de nuestro glorioso Rey que nunca serán reveladas al adorador casual y desinteresado. Hay muros de intercesión que nunca serán escalados por un servicio religioso desapasionado. Pero cuando usted dé los pasos para salir de lo ordinario y adorarle como Él se merece, comenzará a ver facetas de su ser que no sabía que existieran. Él comenzará a compartir con usted secretos sobre sí mismo, sus planes y sus deseos para usted. Cuando usted adora a Dios como Él se merece, Él es magnificado.

Cuando usted tenga hambre verdadera por Dios, dejará atrás las costumbres, dejará atrás los rituales; ¡no querrá irse con hambre!

No permita que los enemigos en su vida hagan que se enfoque usted más en su apetito o sus circunstancias que en las promesas de Dios que son liberadas cuando usted emplea la potente arma del ayuno.

En su sexto día de ayuno, recuerde:

⋄ Concéntrese en tiempos prolongados de meditación y de escuchar.

⋄ Sus sentidos (olfato, tacto, oído) comenzarán a agudizarse.

⋄ Continúan la pérdida de peso y la desintoxicación.

Pensamientos para su diario:

⋄ ¿Cómo le está acercando más a Dios experimentar el ayuno como una disciplina privada?

⋄ ¿Le ha revelado Dios algunas cosas desde que comenzó su ayuno?

_____

_____

_____

_____

_____

_____

Enfoque de oración del día 6:

ROMPER ADICCIONES

No puede usted disfrutar de la plenitud de vida en Cristo cuando sigue siendo un esclavo, atado por adicciones. Adicciones sexuales y químicas como alcohol y drogas, nicotina, comer en exceso, antidepresivos, insomnio y otros pueden ser rotos mediante la disciplina del ayuno. Si hay adicciones en su vida, enumérelas a continuación, ¡y pida a Dios que le dé gracia durante este ayuno para salir libre de esas cadenas! Quizá sea un familiar o un ser querido quien sufra la adicción. Escriba su nombre para orar por esa persona durante este periodo.

_____

_____

_____

_____

Así que si el Hijo los libera, serán
ustedes verdaderamente libres.
—Juan 8:36, NVI

Día 7

ALIMENTARSE DE LA PALABRA

Jesús dijo: "Bienaventurados los que tienen hambre y sed de justicia, porque ellos serán saciados" (Mateo 5:6). Cuando usted comience a desarrollar hambre por las cosas más profundas de Dios, Él le saciará. Como Job proclamó: "Del mandamiento de sus labios nunca me separé; guardé las palabras de su boca más que mi comida" (Job 23:12).

Debemos alimentarnos diligentemente de la Palabra de Dios. A veces, lo mejor que podemos hacer es dejar con hambre a nuestra carne y alimentar nuestro espíritu mediante un ayuno. El ayuno le ayuda a separar lo que usted *quiere* de lo que *necesita*. Le hace enfocarse en las cosas que realmente importan.

Créame: ¡ayunar le proporciona muchas oportunidades para buscar diligentemente al Señor! Usted le busca diligentemente cuando todos los demás van a salir al cine, a beber refrescos y a comer palomitas y usted decide quedarse en casa para estar con el Señor, porque sencillamente tiene que oír de parte de Él. Buscarle diligentemente mediante el ayuno sucede en la mañana cuando todos los demás se levantan y comen huevos, beicon, tortitas, cereales o salchichas y usted decide pasar tiempo con Dios. Se produce cuando está usted en el trabajo y todos los demás almuerzan hamburguesas, patatas fritas y batidos, ¡pero usted solamente bebe agua embotellada! Diligencia es cuando usted llega a casa después de un largo y difícil día en el trabajo, y lo único que ha comido durante todo el día ha sido agua, sin embargo, se aparta de la mesa de la cena para alimentarse de la Palabra.

Ser diligente es ser persistente. Significa trabajar duro para hacer algo y negarse a detenerse. Dios liberó a los israelitas de la esclavitud del faraón. Él dividió el mar Rojo de modo que pudieran cruzar sobre tierra seca, pero permitió que el ejército del faraón se ahogase. Sin embargo, los hijos de Israel salieron al desierto y comenzaron a quejarse. Después de todo lo que Él había hecho por ellos, ellos seguían sin ser diligentes en buscar al Señor, y esa generación más vieja nunca entró en el reposo y la recompensa de Él.

La fe es progresiva. La fe nunca se mete en una mala situación y dice: "Voy a quedarme aquí sentada y morir. Se ha terminado". La fe nunca se queda en el desierto, lamentándose de sí misma con todo seco a su alrededor. Usted anda por fe; no se queda detenido, ahogándose en su desgracia. Cuando se mete en un desierto, sigue caminando; sigue avanzando incluso si es la única persona que está haciendo algún tipo de progreso con cada paso. Cuando entre en batallas, tiene que seguir diciendo: "Avanzaré".

Cuando se ofrece una recompensa por la captura de alguien, la recompensa se proporciona antes de que sea reclamada. El dinero se sitúa en una cuenta para que se quede allí hasta que el delincuente sea capturado. Dios es galardonador de los que le buscan con diligencia (Hebreos 11:6), lo cual significa que Él ya tiene recompensas para usted en el cielo. En mi mente, cuando leo este pasaje siempre he añadido: "le buscas a Él…y le encuentras a Él". Eso no es lo que dice. La Biblia nos dice que si buscamos, encontraremos.

> Hay demasiados cristianos que descubren que están mal nutridos de la Palabra pero bien alimentados del mundo, y viven vidas derrotadas como resultado.

En su séptimo día de ayuno, recuerde:

◊ Tiene que tener agua a su lado en todo momento.

◊ Descanse y relájese todo lo posible.

◊ Siga meditando y escuchando.

Pensamientos para su diario:

◊ ¿Cómo está resistiendo la tentación del hambre?

◊ ¿Cómo puede relacionarse el resistir el hambre enfocándose en el Señor con evitar otras tentaciones en su vida?

Enfoque de oración del día 7:

FINANZAS Y PROSPERIDAD

Dios nos ha dicho mediante su Palabra que cuando le reconozcamos en todos nuestros caminos y no nos apoyemos en nuestro propio entendimiento, Él dirigirá nuestro camino (Proverbios 3:6). Eso incluye las finanzas. En este séptimo día de su ayuno, pida a Dios que corrija las cosas en sus finanzas. Siembre una "ofrenda de primicias". Si usted siembra en lo inusual, obtendrá una cosecha inusual. ¡Experimente milagros financieros este año! Búsquele a Él para obtener bendiciones y prosperidad que puedan utilizarse para hacer avanzar y extender su Reino y bendecir a otros. Usted se ocupa de las cosas pequeñas, y Dios se ocupará de las cosas grandes. No se preocupe por el dinero; sencillamente haga lo que Dios le indique que haga. Él es el Dios de provisión; Él se ocupará de ello; Él proveerá; Él abrirá un camino. Incluso si está viendo algo que parece mayor que usted mismo, declare con valentía en este momento: "Gracias, Señor, por ser mi proveedor en todas las cosas. ¡Te doy alabanza por la provisión! Gracias, Padre".

**Necesidades financieras especiales
para poner en oración hoy:**

_____

_____

_____

_____

Recuerda al SEÑOR tu Dios,
porque es él quien te da el poder
para producir esa riqueza; así ha
confirmado hoy el pacto que bajo
juramento hizo con tus antepasados.

—Deuteronomio 8:18, NVI

CAMINAR CON DIOS

¿Puede imaginar lo que debió de haber sido para Adán o Eva caminar con nuestro glorioso Dios en la paz del huerto? Tragedia de tragedias: ¡ellos escogieron renunciar a ese glorioso lugar por algo que comer! El ayuno prepara el camino para que Dios se comunique claramente con usted, para que le dé revelaciones nuevas, visiones nuevas y un claro propósito. Ya ha pasado usted el séptimo día. No se canse. Permanezca en curso; termine la carrera. Una recompensa increíble le espera al otro lado.

Jesús dijo: "Bienaventurados los que tienen hambre y sed de justicia, porque ellos serán saciados" (Mateo 5:6). Cuando usted comience a desarrollar un hambre por las cosas más profundas de Dios, Él lo llenará. Sin embargo, a veces, simplemente estar en un buen servicio no es suficiente. Yo creo que Dios ya está levantando personas en este tiempo que ya no quieren una dieta solo de "iglesia como siempre". Lo veo en Free Chapel; las personas están ayunando y desarrollando un hambre para obtener más de Dios, y las tradiciones religiosas simplemente están teniendo que apartarse del camino. Las personas que tienen hambre son personas desesperadas. Ellas pasarán por encima de la costumbre; pasarán por encima del ritual; no quieren irse con hambre.

Jesús encontró esa hambre al visitar Tiro y Sidón. Una mujer cuya hija estaba poseída y atormentada por un demonio oyó que Él estaba allí, pero la mujer era griega, "y sirofenicia de nación" (Marcos 7:26) y, por tanto, estaba fuera del pacto que Dios había hecho con Israel. Pero eso no le importó. Ella tenía hambre, y su fe era persistente. Aun cuando Jesús la desalentó, diciendo que el "pan" era en primer lugar para los hijos de Israel, ella tenía el hambre suficiente para pedir hasta unas migajas que cayeran al piso. Muchos de los hijos que estaban sentados a la mesa, no habían demostrado tener un hambre tan grande. Jesús honró su petición, y su hija fue sanada debido a la persistencia de ella (vv. 29–30).

Las personas que tienen hambre son personas desesperadas, y tienen hambre para recibir más de Dios como nunca antes. Salen de las reglas, regulaciones religiosas, y el pensamiento tradicional y avanzan hasta tener más de la presencia de Él, de su poder para transformar situaciones, más de su poder sanador, ¡y más de su poder que hace milagros! ¡Solamente Jesús satisface esa hambre!

Fue un hambre así la que fue avivada en el corazón de un centurión gentil en Cesarea que ayunaba y oraba a Dios siempre, y daba generosamente a los pobres. Aunque eran gentiles, Cornelio y su casa temían fervientemente a Dios y le servían. Cuando Cornelio estaba ayunando y orando un día, al igual que Daniel, un ángel se le apareció con un mensaje. El ángel dijo: "Tus oraciones y tus limosnas han subido para memoria delante de Dios" (Hechos 10:4). Y, luego, el ángel le dio instrucciones de que enviara a buscar a Pedro, que estaba cerca, en Jope. Pedro, quien también estaba ayunando en aquel momento, vio una visión de Dios en la cual muchos alimentos que eran impuros para los judíos eran presentados ante él. Él seguía asombrado por la visión cuando llegaron los mensajeros de Cornelio. Al acudir con ellos a su casa al día siguiente y oír del hambre que había en el corazón de aquel hombre, Pedro comprendió que la visión significaba que el evangelio no debía ser retirado de los gentiles. Cuando compartía el evangelio con los de la casa de Cornelio, el Espíritu Santo cayó y los bautizó a todos, y después fueron bautizados en agua (véase Hechos 10).

Cuando usted tiene hambre de Dios, Él lo llenará. Cuando Jesús entró en Capernaúm, fue confrontado por un centurión romano cuyo siervo estaba paralizado y atormentado (Mateo 8:5–13). Pero el centurión sabía que solamente sería necesaria una palabra de Jesús para que el siervo fuera sanado. Cuando le dijo esas palabras a Jesús, la Biblia dice que Jesús se sorprendió por su fe y les dijo a los demás: "De cierto os digo, que ni aun en Israel he hallado tanta fe" (v. 10). Él estaba diciendo: "Muchos en el linaje de Abraham no tienen el hambre que este hombre ha demostrado. Ellos vienen a verme a mí, pero no tienen hambre". En este día, Dios está diciendo: "Estoy buscando a alguien que haga algo más que presentarse, ¡que tenga hambre de lo que yo quiero poner en él!".

> En este día, Dios está diciendo: "Estoy buscando a alguien que quiera algo. Estoy buscando a alguien que haga algo más que presentarse, ¡que tenga hambre de lo que yo quiero poner en él!".

En su octavo día de ayuno, recuerde:

◊ Ore y permanezca en la Palabra de Dios.

◊ Usted comienza a descubrir lo que se conoce como el "lugar dulce": un lugar donde usted llega y que será como si se hubiese colado tras el velo y hubiese entrado directamente al lugar santísimo.

Pensamientos para su diario:

◊ Reflexione en que hay un mayor poder y rendición sobrenatural que le espera a medida que usted abandona toda carne por la oportunidad de conocer al Salvador y de oír su voz.

Enfoque de oración del día 8:

MATRIMONIO

E l matrimonio no requiere dos personas; requiere tres. No puede usted tener un buen matrimonio si Dios no está en el centro de él. Y eso se aplica también a quienes están solteros. Sus días de noviazgo deberían estar centrados en Cristo y en la pureza, estableciendo un fundamento firme para el futuro. Hoy, si está usted casado, cubra a su cónyuge y su matrimonio con oración. Ore por otros en su familia y en su círculo de amigos que estén casados. ¡El matrimonio está bajo ataque por parte del enemigo en este país! Si es usted soltero, ore para que Dios traiga a su vida la elección suprema de Él para usted, y comprométase a no conformarse con nada menos.

Oración por el matrimonio:

_____

_____

_____

_____

_____

_____

_____

_____

_____

_____

> Por lo demás, cada uno de
> vosotros ame también a su
> mujer como a sí mismo; y la
> mujer respete a su marido.
> —Efesios 5:33

¿LE ESTÁ HABLANDO ÉL?

En este punto, debería usted ser más consciente de la presencia del Señor a su alrededor. Su hambre por la provisión de Él y su atención se han intensificado. Cuando ayunamos según el plan de Él, Dios dice: "Entonces invocarás, y te oirá Jehová; clamarás, y dirá él: Heme aquí" (Isaías 58:9). ¿Recuerda lo que el ángel le dijo a Daniel en Daniel 10? Desde el primer día en que Daniel comenzó a ayunar, Dios escuchó. ¡Lo único que retuvo su respuesta fue la batalla en los cielos! Una mujer que se ofrece voluntaria para Free Chapel dio el testimonio más increíble de este hecho. Sus padres habían tenido graves problemas económicos por más de un año. Se les había notificado que comenzaría el proceso de un juicio hipotecario si no pagaban $5,500. Ella llamó a sus hermanos no salvos y les preguntó si querían unirse a ella para hacer algo que ayudase a sus padres en esa situación desesperada. ¡Dios la respaldó! Sus hermanos estuvieron de acuerdo, y comenzaron a ayunar. A los quince días del juicio, sus padres recibieron una llamada telefónica. Su padre había solicitado la invalidez en el año 2000, pero tardaron seis años en oír su caso. Llamaron para informar a la familia que su solicitud de invalidez había sido aprobada, y que habían mandado un cheque por correo ese mismo día por la cantidad de—¿está preparado para esto?—$86,000, que incluía la cantidad atrasada desde el año 2000. Además, él recibiría pagos por invalidez mensualmente. No hay modo en que sus hermanos pueden negar que Dios es quien hizo ese milagro.

Las promesas de Dios no se detienen ahí. Él también dice:

Y si dieres tu pan al hambriento, y saciares al alma afligida, en las tinieblas nacerá tu luz, y tu oscuridad será como el mediodía. Jehová te pastoreará siempre, y en las sequías saciará tu alma, y dará vigor a tus huesos; y serás como huerto de riego, y como manantial de aguas, cuyas aguas nunca faltan. Y los tuyos edificarán las ruinas antiguas; los cimientos de generación y generación levantarás, y serás llamado reparador de portillos, restaurador de calzadas para habitar.

—Isaías 58:10–12

En las tinieblas nacerá tu luz. En otras palabras, en situaciones que usted afronte que sean abrumadoras y no sepa cómo encontrar el camino en medio de las tinieblas de la oscuridad y la confusión, Dios hará que su luz brille sobre el camino que debe usted escoger.

Aunque el camino que hay delante de usted parezca oscuro, cuando ayuna y ora en fe, Dios le recompensará y le guiará. "Entonces tus oídos oirán a tus espaldas palabra que diga: Este es el camino, andad por él" (Isaías 30:21).

Recuerde que fue durante un ayuno cuando Pablo recibió el llamado de Dios y la misión para su vida. Pedro estaba ayunando cuando recibió su "revelación del terrado" de parte del Señor, quien llamó a Pedro a llevar el evangelio a los gentiles. ¿Qué le revelará Dios a usted durante su ayuno?

> Quizá tenga usted hijos rebeldes o hijos e hijas que estén cometiendo fornicación, pero le digo que el ayuno y la oración romperán por completo esos espíritus de sus vidas.

En su noveno día de ayuno, recuerde:

◊ Mantenga su diario.

◊ Continúe meditando y escuchando.

◊ La menta ayudará a mantener fresco su aliento.

Pensamientos para su diario:

◊ Reflexione en la batalla que se libra entre el hombre carnal y el espiritual.

◊ ¿Cómo se ha vuelto más clara la presencia de Dios mediante esta experiencia?

Enfoque de oración del día 9:

FAMILIA

Dondequiera que yo vaya, nunca voy solo. A lo que me refiero es que llevo conmigo parte de la generación pasada y de las futuras generaciones. Con frecuencia enseño: "Toda obra tiene una semilla". En otras palabras, las obras que usted escoja hacer en esta vida crean una semilla para futuras generaciones. Ese hombre de negocios que hace un viaje y ve pornografía en secreto en la habitación de su hotel no solo se afecta a él mismo, sino que también está sembrando semillas para futuras generaciones. De modo similar, si ese mismo hombre de negocios escoge en cambio adorar a Dios en la intimidad de la habitación de su hotel, están siendo sembradas semillas de adoración y de fe en futuras generaciones. Dondequiera que usted vaya, cada obra está produciendo una semilla. Usted está sembrando iniquidad para la próxima generación, o está sembrando igualdad, espiritualidad y justicia para la siguiente generación. Hoy, ore por sus familiares y por quienes han de llegar. Rompa maldiciones generacionales y establezca bendiciones. Ponga un fundamento para la siguiente generación (véase Isaías 58).

Puntos de oración por mi familia hoy:

_____

_____

_____

_____

_____

> Que el SEÑOR te bendiga desde Sión,
> y veas la prosperidad de Jerusalén
> todos los días de tu vida. Que vivas
> para ver a los hijos de tus hijos.
> —Salmo 128:5–6, NVI

TODA TAREA TIENE UN
LUGAR DE NACIMIENTO

Estoy convencido de que nunca caminaremos en la perfecta voluntad de Dios hasta que le busquemos mediante el ayuno. Dios conoce su hambre, pero también sabe que lo que usted necesita es agua viva y al Pan de vida. ¡Pruebe y vea que el Señor es bueno! Toda tarea que Dios le da tiene un lugar de nacimiento. ¿Qué le revelará Él hoy?

Quizá esté usted en un lugar de tal desesperación, que simplemente no puede permitirse pasar por alto la voluntad de Dios para su vida. He conocido a personas que literalmente se enfrentaban a situaciones de vida o muerte. Estaban atrapadas, estaban bajo la presión de las circunstancias, y estaban bajo el ataque del enemigo. La única manera posible de sobrevivir era acercarse a Dios—de cuya mano nadie lo puede arrebatar—para oír su voz y seguir su plan.

Josafat, rey de Judá, estaba en una situación igualmente crítica. Él era un rey temeroso de Dios que se encontró a sí mismo rodeado por un poderoso ejército enemigo. La aniquilación era segura si el Señor no intervenía. La Escritura registra que: "Josafat humilló su rostro para consultar a Jehová, e hizo pregonar ayuno a todo Judá. Y se reunieron los de Judá para pedir socorro a Jehová; y también de todas las ciudades de Judá vinieron a pedir ayuda a Jehová... Y todo Judá estaba en pie delante de Jehová, con sus niños y sus mujeres y sus hijos" (2 Crónicas 20:3–4, 13).

Todo Judá ayunó, hasta las mujeres y los niños. Ellos necesitaban desesperadamente conocer el plan del Señor para derrotar a aquel poderoso ejército enemigo. En medio de esa asamblea de personas que ayunaban, Dios habló a su pueblo por medio de un profeta, quien los alentó al decir: "No temáis ni os amedrentéis delante de esta multitud tan grande, porque no es vuestra la guerra, sino de Dios...No habrá para qué peleéis vosotros en este caso; paraos, estad quietos, y ved la salvación de Jehová con vosotros. Oh Judá y Jerusalén, no temáis ni desmayéis; salid mañana contra ellos, porque Jehová estará con vosotros" (vv. 15, 17). En medio de toda la asamblea, Dios le dijo a Judá exactamente cómo se aproximaría ese ejército enemigo y exactamente lo que ellos debían hacer como respuesta. Ellos dieron una tremenda alabanza al Señor, y Él envió emboscadas contra el ejército enemigo y los derrotó. Nadie escapó. Cuando el pueblo de Judá llegó, ¡necesitó tres días completos para llevarse el botín! ¿Quiere que Dios le diga lo que usted tiene que hacer en este momento de su vida? Ayune, adórelo y búsquelo. ¡Esté quieto y vea la salvación del Señor! Ellos ni siquiera tuvieron que pelear. Dios peleó por ellos. La batalla tomó un día, y Dios no solo los liberó, sino que también los prosperó. ¡Ellos necesitaron tres días para llevarse toda la abundancia! ¡Yo estoy preparado para algunas de esas victorias en las que se necesita más tiempo para llevarse la victoria a casa del que se necesitó para pelear la batalla! Prosiga usted, al igual que hizo Josafat en momentos de gran desesperación, y toda su familia también, quizá hasta toda su iglesia. ¡Dios lo librará y le mostrará su plan!

> Seamos llenos del Pan de vida en lugar de la basura de la religión. Comience a hacer del ayuno una disciplina regular, ¡y vea cómo Dios da respuesta a su hambre!

En su décimo día de ayuno, recuerde:

◊ Ore y permanezca en la Palabra de Dios.

◇ Continúe meditando y escuchando.

◇ Los dolores por el hambre continúan.

Pensamientos para su diario:

◇ ¿Qué desea actualmente en su vida? Recuerde orar por sus sueños y pida a Dios guía en lo que sea mejor para su vida.

◇ En este punto, ¿qué tareas concretas cree que Dios tiene para su vida?

_____

_____

_____

_____

_____

Enfoque de oración del día 10:

PROTECCIÓN

A causa de Jesús, usted y yo podemos agarrarnos de las promesas de Dios de protegernos, proveer para todas nuestras necesidades y cubrirnos en su amor, su misericordia y su gracia. Él es nuestro *El Shaddai*. Él se muestra fuerte por nosotros, pero también nos lleva tiernamente hacia sí mismo y nos muestra bondad. Medite en estos versículos de la Escritura hoy, que se relacionan con la protección divina de nuestro Padre amoroso.

Ustedes son testigos de lo que hice con Egipto, y de que los he traído hacia mí como sobre alas de águila. Si ahora ustedes me son del todo obedientes, y cumplen mi pacto, serán mi propiedad exclusiva.

—Éxodo 19:4–5, NVI

Porque tú eres mi refugio, mi baluarte contra el enemigo. Anhelo habitar en tu casa para siempre y refugiarme debajo de tus alas. Tú, oh Dios, has aceptado mis votos y me has dado la heredad de quienes te honran.

—Salmo 61:3–5, NVI

Como madre que consuela a su hijo, así yo los consolaré a ustedes; en Jerusalén serán consolados.

—Isaías 66:13, NVI

¿Qué le está diciendo Dios hoy sobre su protección?

_____

_____

_____

_____

Torre fuerte es el nombre de Jehová; a
él correrá el justo, y será levantado.
—Proverbios 18:10

EL AYUNO LE HUMILLA
VERDADERAMENTE

La mayoría de ayunos mencionados en la Biblia fueron ayunos públicos iniciados por los sacerdotes; Jesús nos dio el modelo para los ayunos privados en Mateo 6:16–18; 9:14–15. Pero, público o privado, en pocas palabras, ayunar es una manera bíblica de humillarse verdaderamente ante los ojos de Dios.

Si Jesús necesitó ayunar, ¿cuánto mayor es nuestra necesidad de ayunar? Yo tenía diecisiete años cuando hice mi primer ayuno completo de veintiún días. Fue una de las cosas más difíciles que haya hecho jamás. Ayunar nunca es fácil. Sinceramente, no conozco otra cosa más extenuante que el ayuno. Jesús comprende la dificultad de privarnos a nosotros mismos de comida. En Hebreos 4:15, leemos: "Porque no tenemos un sumo sacerdote incapaz de compadecerse de nuestras debilidades, sino uno que ha sido tentado en todo de la misma manera que nosotros, aunque sin pecado". Él también nos da fuerzas para vencer la tentación en Hebreos 4:16: "Acerquémonos, pues, confiadamente al trono de la gracia, para alcanzar misericordia y hallar gracia para el oportuno socorro". Con estas promesas en mente, el proceso se hizo menos desagradable para mí.

Cuando ayuna, se abstiene de alimentos con propósitos espirituales. He oído decir a personas que planeaban ayunar de ver televisión, de jugar a los juegos de computadora o de navegar en la Internet. Es bueno dejar a un lado esas cosas durante un periodo de consagración si están interfiriendo con su vida de oración, con su estudio de la Palabra de Dios o con su ministerio a las necesidades de otros, pero técnicamente, eso no es ayunar. El ayuno es pasarse sin comida durante un periodo de tiempo, lo cual generalmente hace que usted deje la conmoción de la actividad normal. Parte del sacrificio de ayunar, buscar a Dios y estudiar su Palabra es que la actividad normal se disipa y pasa a un segundo plano.

Hay razones equivocadas para ayunar. No tiene usted que ayunar para obtener mérito delante de Dios o para librarse del pecado. Hay una sola cosa que nos da mérito delante de Dios y nos limpia de pecado: la sangre de Jesús. Sin embargo, el ayuno comenzará a sacar a la superficie cualquier área de concesiones que haya en su vida y le hará ser más consciente de cualquier pecado que haya en su propia vida para que pueda arrepentirse.

El ayuno no es una dieta cristiana. Usted no debería ayunar para perder peso, aunque la pérdida de peso es un efecto secundario normal. A menos que ponga la oración junto a su ayuno, no hay necesidad de ayunar. Meramente pasarse sin comer es solo pasar hambre. Cuando ayuna, se centra en la oración y en la Palabra de Dios.

Siempre puede encontrar una razón para no ayunar, así que tiene que decidirse a hacerlo, y todo lo demás se acomodará. Si usted decide apartar los primeros días del año para ayunar, establecerá el curso para todo el año, y Dios añadirá bendiciones a su vida durante todo el año. Al igual que usted establece el curso de su día al comunicarse con Dios en las primeras horas, lo mismo sucede cuando dedica los primeros días del año para ayunar.

El rey David dijo: "Afligí con ayuno mi alma" (Salmos 35:13; véase también Esdras 8:21).

> Dios desea moverse poderosamente en su vida. Sus planes para usted siempre están en progreso y en desarrollo. Él desea hablarle, como alguien hablaría a un amigo.

En su undécimo día de ayuno, recuerde:

◊ Descanse y relájese.

◊ Vaya a su lugar de oración para tener tiempo de oración.

◊ La presencia del Señor se hace más obvia.

Pensamientos para su diario:

◊ La humildad es una disciplina y no algo que solamente llega de forma natural. El ayuno sitúa a la persona verdaderamente en las manos de Dios, dependiente de Él para obtener alimento espiritual en ausencia del alimento físico. Escriba sobre cómo le humilla esta experiencia y le ha hecho confiar más en Dios.

_____

_____

_____

_____

_____

_____

_____

Enfoque de oración del día 11:

FAVOR

Cuando usted entiende verdaderamente el concepto del favor de Dios, de su capacidad, nunca volverá a ser el mismo. Cuando usted le ofrece a Dios una taza, Él no solo la llena, como dijo David, sino que también la hace rebosar (Salmo 23:5). La "capacidad" de Dios es ilimitada y no puede agotarse. En el segundo capítulo de Hechos, el Espíritu Santo no solo "entró" en el cuarto; Él "llenó toda la casa donde estaban sentados" (v. 2). Por tanto, cualquier cosa por la que esté creyendo a Dios durante este ayuno, le aliento a que le crea a Él al *máximo*. Créale por su favor... por su *medida* de capacidad, y no la de usted. Levántese y confronte las barreras que están en su camino. No permita que las circunstancias dicten los límites de su territorio; ¡su territorio se está extendiendo!

Lugares donde estoy experimentando el favor del Señor y la expansión de mi "territorio":

_____

_____

_____

_____

_____

Les digo que éste es el momento propicio
de Dios; ¡hoy es el día de salvación!
—2 Corintios 6:2, NVI

Sacrifica a Dios alabanza, y paga tus votos
al Altísimo; e invócame en el día de la
angustia; te libraré, y tú me honrarás.
—Salmo 50:14–15

EL ESPÍRITU SANTO ESTÁ UTILIZANDO SU AYUNO

E l Espíritu Santo está utilizando su ayuno para revelar su verdadero estado espiritual, dando como resultado quebrantamiento, arrepentimiento y una vida transformada. Dios busca por toda la tierra esos pocos fieles sobre los cuales pueda derramar su bendición de maneras extraordinarias. Cuando usted ayuna, atrae la atención de Él como alguien dispuesto a aventurarse por encima de las normas de la religión y entrar en la gran aventura.

La raíz hebrea de santificarse es *qadhash*, que también es la raíz de la palabra *santo*. Dios dijo: "Yo soy el Señor su Dios" así que santifíquense y manténganse santos, porque yo soy santo" (Levítico 11:44, NVI). La santificación es el proceso de llegar a ser santo en la vida cotidiana; es practicar la pureza y ser apartado del mundo y del pecado. La santificación es permitir al Espíritu Santo que nos haga más semejantes a Jesús en lo que hacemos, en lo que pensamos, y en lo que deseamos. No oímos mucho sobre la santificación desde los púlpitos en estos tiempos, pero si hemos de ver a Dios hacer maravillas en medio de nosotros, debemos confrontar el pecado en nuestras vidas y vivir santos.

Dios estaba a punto de guiar a su pueblo escogido a salir contra los enemigos de Dios, pero ellos no podían permanecer si no eran santos. Esto se ve claramente en el contraste entre la victoria sobrenatural de Israel contra la ciudad de Jericó en Josué 6 y su derrota en Josué 7 contra el diminuto ejército de Hai después de que Israel hubiera pecado al haber robado y ocultado cosas en medio de ellos.

Deseamos estar en la voluntad de Dios y andar de acuerdo a sus planes. La santificación es la clave de estar en la voluntad de Dios. Como dijo Pablo: "pues la voluntad de Dios es vuestra santificación" (1 Tesalonicenses 4:3). No hay necesidad de intentar descubrir alguna misteriosa "rueda de Dios". No puede usted seguir la guía de Dios hasta que comience donde Pablo dijo que comenzara.

El ayuno es un medio esencial de santificarse, apartándose del mundo y acercándose a Dios. El ayuno le permite filtrar su vida y ponerse aparte para buscar al Señor. Jesús oró por nosotros:

> No son del mundo, como tampoco yo soy del mundo. Santifícalos en tu verdad; tu palabra es verdad. Como tú me enviaste al mundo, así yo los he enviado al mundo. Y por ellos yo me santifico a mí mismo, para que también ellos sean santificados en la verdad.
>
> —Juan 17:16–19

El ayuno le ayudará a identificar áreas de pecado oculto y cosas que son desagradables a Dios en su vida. El ayuno le ayuda a discernir entre servir a la carne y servir al espíritu.

> "Porque si la sangre de los toros y de los machos cabríos, y las cenizas de la becerra rociadas a los inmundos, santifican para la purificación de la carne, ¿cuánto más la sangre de Cristo, el cual mediante el Espíritu eterno se ofreció a sí mismo sin mancha a Dios, limpiará vuestras conciencias de obras muertas para que sirváis al Dios vivo?"
>
> —Hebreos 9:13–14

Si estamos en Cristo, su sangre nos limpia de obras muertas, capacitándonos para servir a Dios en santidad.

El ayuno le ayuda a distinguir entre lo que
usted quiere y lo que realmente necesita.
Cuando decide no preocuparse por esas
cosas y buscarle a Él primeramente, está
demostrando el tipo de fe que agrada a Dios,
porque está confiando en que Él también
le dará todas las cosas que usted necesita.

En su duodécimo día de ayuno, recuerde:

◊ Anote sus pensamientos diarios.

◊ Continúe enfocándose en Dios.

◊ El hambre sigue siendo un problema, pero permanezca enfocado.

Pensamientos para su diario:

◊ ¿Qué le ha revelado Dios a usted personalmente?

◊ Reflexione en lo que significa presentar su cuerpo como sacrificio vivo mediante su periodo de ayuno.

_____

_____

_____

_____

_____

RELACIONES CORRECTAS Y CONEXIONES DEL REINO

L as personas pueden ser utilizadas en nuestras vidas como bendiciones de Dios o como herramientas del enemigo. Usted tiene que ser capaz de "discernir" la diferencia entre las dos. Están las "personas carnales" que le derriban, pero están las "personas de fe" que le edifican y ayudan a destapar su potencial. Las "personas carnales" alimentan su temor y hacen que se sienta como si hubiera perdido su sueño. Las "relaciones correctas" comienzan a infundir en usted una actitud que dice: "puedo hacerlo". Comienza a expandir su pensamiento: "Bueno, quizá puedo hacer eso". Puede ser "catapultado" por las relaciones que Dios pone en su vida. Por tanto, a medida que continúa el ayuno y le busca a Él hoy, busque su consejo sobre las relaciones que hay en su vida. ¿Cuáles son agotadoras? ¿Cuáles le apoyan? ¿Cuáles usted representa a los demás?

> Mis ovejas oyen mi voz, y yo
> las conozco, y me siguen.
> —Juan 10:27

AFERRARSE A LA PROMESA

D ios es galardonador de los que le buscan con diligencia, lo cual significa que Él ya tiene recompensas para usted en el cielo. Ahora bien, yo siempre he leído este pasaje de la manera equivocada. En mi mente, siempre he añadido: "le buscas a Él... *y le encuentras a Él*". Pero la Biblia nos dice que si *buscamos*, *encontraremos*. Dios no permitirá que usted caiga en la tentación. Él está con usted. Recuerde su sueño para completar el ayuno, y mantenga sus pies en el camino de la rectitud. ¡Ya está usted a medio camino!

Durante diez años y doscientos treinta episodios, la serie de televisión *Friends* se convirtió en un centro de atención para millones de personas en este país. En 1994, los críticos dijeron que ese programa, que trataba de seis amigos solteros que vivían en la ciudad de Nueva York, no era muy entretenido, inteligente u original. El episodio final de ese programa tuvo 52 millones de espectadores. Los críticos que dijeron que no tendría éxito, no tuvieron en cuenta el inmenso vacío de conexión que hay en la cultura estadounidense. Las personas quieren y necesitan estar conectados en relaciones.

Esa necesidad de estar conectado se evidencia en la iglesia mediante grupos de hogar y un mayor énfasis en la comunidad. Aunque eso es bueno, si no tenemos cuidado podemos llegar a estar centrados demasiado de forma horizontal y no lo bastante vertical. La Iglesia en la actualidad, en su mayor parte en el mundo occidental, y en particular en Estados Unidos, se trata de *mí*: "Quiero que mis necesidades sean suplidas. Bendíceme; enséñame; ayúdame". Aunque esos son necesidades y deseos legítimos, debemos tener en mente que la cruz tiene dos brazos: uno es horizontal, pero el otro es vertical. El ayuno pone sus prioridades más en vertical y más en línea con los deseos de Dios. Es lo que Jesús hizo cuando limpió el templo. Las prioridades se habían vuelto demasiado horizontales.

> Y entró Jesús en el templo de Dios, y echó fuera a todos los que vendían y compraban en el templo, y volcó las mesas de los cambistas, y las sillas de los que vendían palomas; y les dijo: Escrito está: Mi casa, casa de oración será llamada; mas vosotros la habéis hecho cueva de ladrones.
>
> —Mateo 21:12–13

Eso no significa que cuando usted ayune no tenga necesidades y deseos concretos propios por los cuales está buscando a Dios. Ciertamente, debería ayunar con un propósito concreto. Sin embargo, yo creo que a medida que continúe un ayuno prolongado, el verdadero clamor de su corazón se convierte en: "Más de ti, Dios, y menos de mí". Cuando pone a Dios en primer lugar, todo lo demás es añadido.

Según el principio de Dios de "las primicias", lo que pone usted en primer lugar, ordenará el resto. Cuando pone su espíritu en primer lugar, sirve usted a las cosas del Espíritu Santo, en lugar de a los deseos de la carne. Como resultado, su mente, voluntad, emociones, al igual que su cuerpo físico y su salud, se podrán en línea según la dirección del Espíritu. "Porque si vivís conforme a la carne, moriréis; mas si por el Espíritu hacéis morir las obras de la carne, viviréis" (Romanos 8:13).

Cuando ayunamos, estamos efectivamente
haciendo una huelga de hambre
contra el infierno para decir: "¡Suelta
a quienes están atados por el engaño,
las mentiras, el alcohol, las drogas, la
pornografía, la falsa religión, etc.!".

En su decimotercer día de ayuno, recuerde:

◊ Tenga agua a su lado en todo momento.

◊ Continúe meditando y escuchando.

◊ Los calambres pueden regresar.

Pensamientos para su diario:

◊ ¿Cuales son las diversas maneras en que puede
experimentar guía de parte de Dios?

◊ Reflexione sobre cómo puede resistir más tentación
en estos siguientes días a medida que continúan los
dolores por el hambre.

Enfoque de oración del día 13:

CUERPO DE CRISTO

Los cristianos en todo el mundo necesitan oración. En China, los creyentes se reúnen en lugares secretos en la iglesia subterránea. Si son descubiertos, se arriesgan a ser golpeados, torturados, encarcelados y cosas peores a causa de su fe. En Etiopía, los creyentes son brutalmente atacados y sufren mucho cuando se niegan a renunciar a Jesús. En otras regiones hostiles y cerradas, como Cuba y Vietnam, valientes creyentes comparten la Palabra de Dios con otros corriendo un gran riesgo personal. Incluso en nuestro país "cristiano", la cruz de Cristo y nuestras creencias están constantemente bajo ataque. Por tanto, en este decimotercer día de su ayuno, concéntrese en oración por el Cuerpo de Cristo: aquellos que están sufriendo y son perseguidos por su fe, quienes están batallando por aferrarse a su fe, y aquellos a quienes el diablo desea derribar de nuestra generación más joven.

Objetivos de oración dentro del Cuerpo de Cristo:

_____

_____

_____

_____

_____

_____

Porque los que en nosotros son más decorosos, no tienen necesidad; pero Dios ordenó el cuerpo, dando más abundante honor al que le faltaba, para que no haya desavenencia en el cuerpo, sino que los miembros todos se preocupen los unos por los otros. De manera que si un miembro padece, todos los miembros se duelen con él, y si un miembro recibe honra, todos los miembros con él se gozan.

—1 Corintios 12:24–26

MAGNIFICAR SU ADORACIÓN

¿Qué quiso decir David cuando expresó: "Un abismo llama a otro" en Salmos 42:7? Mientras ayunaba, el hambre y la sed de David por Dios eran mayores que su deseo natural de comer. Como resultado, llegó a un lugar donde pudo clamar desde las profundidades de su espíritu a las profundidades de Dios, incluso en medio de su prueba. Cuando usted ha experimentado aunque sea un destello de ese tipo de intimidad con el santo Creador del universo, y las incontables recompensas y bendiciones que siguen, toda su vida de adoración cambia.

David era un hombre conforme al corazón de Dios. Era un hombre que ayunaba con frecuencia, y no solamente de alimentos. En su juventud, él frecuentemente estaba en los campos a solas, únicamente con las ovejas y su Dios. Después de ser ungido rey, él pasó muchos días huyendo para salvar su vida. David escribió el Salmo 34 mientras estaba solo y huyendo de Saúl en tierra de los filisteos. Pero David se alentó a sí mismo para adorar a Dios aun en esas condiciones, proclamando: "Su alabanza estará de continuo en mi boca" (v. 1), y "gustad, y ved que bueno es el Señor" (v. 8). Un adorador rutinario en esas circunstancias habría quedado totalmente abrumado. Pero David sabía que adorar a Dios era magnificar a Dios. Su invitación a todos nosotros a magnificar a Dios junto con él (v. 3) sigue abierta hoy día.

¿Qué respondería usted si el Señor le preguntase: "¿Recuerdas la última vez que estuviste enfermo de amor por mí?". Yo comencé a meditar en esta pregunta recientemente. Pensé otra vez en la época en que Cherise y yo salíamos juntos. Estábamos profundamente enamorados y queríamos pasar cada instante juntos; probablemente fuera algo bueno que nuestros padres no nos dejaran hacerlo, porque seguramente nos habríamos muerto de hambre. Durante la mayor parte del tiempo, dondequiera que salíamos a comer terminábamos dando unos tres bocados a la comida porque estábamos absortos el uno en el otro. Sé que eso suena un poco bobo, pero siga conmigo, pues voy a llegar a algo. No puedo decirle el dinero que desperdicié en comidas, simplemente porque nuestro deseo de hablar y pasar tiempo el uno con el otro era mayor que nuestro deseo de comer. Estábamos "enfermos de amor". Cuando pensaba en eso, lo entendí. Eso es lo que el Señor siente cuando ayunamos. Cuando estamos tan enfermos de amor por nuestro primer amor, ayunar es fácil.

Por tanto, le pregunto: ¿recuerda la última vez que se alejó de una comida porque estaba tan preocupado por su primer amor que la comida no tenía ningún interés? ¿Ha experimentado periodos en que sentía como si el Novio estuviera distante? Simplemente usted no siente su presencia tan cerca como antes. No tiene ánimos para adorar y carece de la emoción y del infantil entusiasmo que una vez tuvo por las cosas espirituales. Quizá sea el momento de detener el ajetreo de su vida cotidiana y declarar un ayuno, un periodo de estar enfermo de amor para restaurar la pasión de su primer amor y ponerla de nuevo en su lugar adecuado en su vida. Cuando usted ayuna, todo se calma. El día parece más largo; las noches parecen más largas, pero en la quietud de la búsqueda encontrará a Aquel a quien su corazón desea.

Cuando usted adora, magnifica a Dios. Sus enemigos o circunstancias pueden parecen tan grandes y poderosas que son lo único que usted puede ver. Pero cuando adora, no solo magnifica a Dios, sino que también reduce el tamaño y el poder de todo lo que le rodea. Más adelante en el Salmo 34, David dijo: "Busqué a Jehová, y él me oyó, y me libró de todos mis temores" (v. 4). Dios le oirá cuando disponga usted su corazón a adorarle. Cuando magnifica al Señor, encoge el supuesto poder de su enemigo, el diablo. Lo mejor que puede usted hacer en medio de una batalla es exaltar al Señor. Josafat es prueba de eso. Cuando estaba bajo ataque, la nación entera clamó, ayunó y adoró a Dios. Josafat envió a los adoradores por delante del ejército para exaltar a su Dios, y Él liberó totalmente a Judá de su enemigo.

> Dios no necesita nuestras rutinas ni saborea nuestra actividad insensible. Él no quiere nuestras "sobras". La adoración verdadera que sale de nuestros corazones le alimenta y le satisface; es algo que Él desea, y que merece.

En su decimocuarto día de ayuno, recuerde:

◇ Escuche su CD favorito de adoración.

◇ Enfóquese en su meditación escuchando la voz dulce y apacible de Dios.

◇ Continúa la pérdida de peso.

Pensamientos para su diario:

◇ Alabe a Dios por haberle traído hasta aquí, y dele gracias por su firme presencia.

Enfoque de oración del día 14:

DISCERNIMIENTO

Discernimiento es la capacidad de juzgar con rectitud. Al igual que Salomón oró por sabiduría, usted y yo podemos pedir a Dios que fortalezca nuestro discernimiento de personas, situaciones y oportunidades. Tiene que ver con ser sensible a su Espíritu, lo cual aumenta exponencialmente cuando usted está ayunando. Por tanto, a medida que continúa este viaje, haga un punto de oración el pedir a Dios que aumente su discernimiento de personas, situaciones y más cosas. Y estudie su Palabra. Como nos recuerda el escritor de Hebreos: "Porque la palabra de Dios es viva y eficaz, y más cortante que toda espada de dos filos; y penetra hasta partir el alma y el espíritu, las coyunturas y los tuétanos, y discierne los pensamientos y las intenciones del corazón" (Hebreos 4:12).

Queridos hermanos, no crean a cualquiera
que pretenda estar inspirado por el
Espíritu, sino sométanlo a prueba para
ver si es de Dios, porque han salido por
el mundo muchos falsos profetas.
—1 Juan 4:1, NVI

RENOVACIÓN

Si Jesús pudiera haber logrado todo lo que vino a hacer sin ayunar, ¿por qué ayunaba? El Hijo de Dios ayunaba porque sabía que había cosas sobrenaturales que solamente podían ser liberadas de ese modo. ¿Cuánto más debería ser el ayuno una práctica común en nuestras vidas?

El ayuno no es un medio de promoverse a uno mismo. Lo más estupendo que el ayuno hará por usted será derribar todas las cosas de este mundo que se acumulan y le bloquean para que tenga usted una clara comunión con el Padre. Tiene que hacer tiempo para apartarse y orar, tenga ganas de hacerlo o no. El ayuno, en sí mismo, es una oración continua a Dios; usted está orando veinticuatro horas al día cuando ayuna. Si ha estado ayunando todo el día, ha estado orando todo el día.

Algunos de los mayores milagros, avances y periodos de oración que yo he experimentado nunca no llegaron cuando yo me "sentí guiado" a orar y ayunar. En realidad llegaron cuando lo último que yo quería hacer era llevarme a mí mismo hasta el lugar de oración, pero lo hice, y Dios honró mi fidelidad. Jesús dijo: "Cuando ores…cuando ayunes…cuando des…" (Mateo 6). Él espera que quienes le siguen hagan estas cosas sea que se sientan especialmente *guiados* o no. Estas cosas deberían ser parte de la vida de todo creyente.

Cuando ayune, ponga como objetivo en oración a sus seres queridos que no son salvos. Cree una "lista principal" de personas a las que quiere usted ver salvas. Es bueno ser muy concreto en sus oraciones durante un ayuno. ¿Qué es lo más crítico que quiere usted que Dios haga en su vida? Dios le dijo a Habacuc que escribiera la visión (Habacuc 2:2). Le desafío a que escriba los nombres de las personas a las que quiere ver salvas, y clame a Dios por esos nombres. Tal como hemos visto evidenciado aquí en Free Chapel, ¡creo que usted también verá milagros como nunca antes soñó!

Si usted se lo permite, su carne tomará el mando y gobernará su vida. Por eso los periodos de ayuno con cruciales para su caminar con Dios. El ayuno le ayuda a establecer dominio y autoridad sobre su carne. "No os engañéis; Dios no puede ser burlado: pues todo lo que el hombre sembrare, eso también segará. Porque el que siembra para su carne, de la carne segará corrupción; mas el que siembra para el Espíritu, del Espíritu segará vida eterna. No nos cansemos, pues, de hacer bien; porque a su tiempo segaremos, si no desmayamos" (Gálatas 6:7–9). ¡Mantenga su armadura a punto y su espada afilada!

¿Cuál fue su motivo para comenzar este ayuno? ¿Ha tenido usted un despertar espiritual?

> Si su deseo es acercarse más a Dios o tiene necesidad de grandes avances en su vida, recuerde que nada será imposible para usted. ¡El ayuno es verdaderamente una fuente secreta de poder!

En su decimoquinto día de ayuno, recuerde:

◊ Manténgase hidratado.

◊ Asegúrese de escuchar a Dios cuando ora.

◊ Usted se vuelve mentalmente consciente de la presencia del Señor alrededor de usted.

Pensamientos para su diario:

◊ Reflexione en cómo la adoración y la obediencia han proporcionado la oportunidad para que Dios se revele a sí mismo y sus propósitos a usted, su siervo especial.

◊ Escriba los detalles que eran una preocupación al comienzo del ayuno, pero que ya no parecen ser tan preocupantes.

Enfoque de oración del día 15:

REVELACIÓN DE DONES (PERSONALES Y ESPIRITUALES)

C uando lee las cartas de Pablo, ve que él tenía a su alrededor personas de diferentes trasfondos y personas con diferentes dones. En otras palabras, él tenía algunas personas que tenían don de hospitalidad; tenía algunas personas cuya principal aportación era la oración. Independientemente de cuál sea el don, debe ser abierto, pues es para bendecirle a usted y a quienes le rodean. Dios le ha dado capacitaciones divinas únicas y especiales; dones, por así decirlo. ¿Está usted usándolos para glorificarle a Él y para el avance de su Reino? ¿Ha descubierto ya plenamente cuáles son esos dones? Hoy, pida a Dios que le muestre cuáles pueden ser sus dones, tanto personales como espirituales.

Cada uno ponga al servicio de los demás el don que haya recibido, administrando fielmente la gracia de Dios en sus diversas formas.
—1 Pedro 4:10, NVI

LA ADORACIÓN MÁS PURA

L a disciplina del ayuno le saca de la rutina del mundo. Es una forma de adoración; ofrecer su cuerpo a Dios como sacrificio vivo es santo y agradable a Dios (Romanos 12:1). La disciplina del ayuno le humillará, le recordará su dependencia de Dios y le llevará otra vez a su primer amor. Hace que las raíces de su relación con Jesús, y su adoración, sean más profundas. La pesadez o angustia quita la adoración de su vida. La iglesia es deprimente, a menos que aprenda usted a adorar. Yo sé que esa es una frase extraña, pero es verdad. No hay nada peor que una iglesia llena del Espíritu que pierda el manto de alabanza y agarre el espíritu de pesadez o angustia. Dios desea nuestra alabanza más que nuestra mera asistencia a la iglesia. Eso no es decir que deberíamos descuidar el reunirnos como cuerpo, pero los momentos en que estamos juntos, al igual que cuando estamos solos, deberían ser para glorificar y alabar a nuestro asombroso y poderoso Dios. ¡La alabanza hace retroceder al enemigo!

Uno de mis ejemplos favoritos de este hecho se encuentra en 2 Crónicas. Al rey Josafat le dijeron: "Contra ti viene una gran multitud del otro lado del mar, y de Siria; y he aquí están en Hazezon-tamar, que es En-gadi. Entonces él tuvo temor; y Josafat humilló su rostro para consultar a Jehová, e hizo pregonar ayuno a todo Judá" (2 Crónicas 20:2–3).

Ahora bien, Josafat acababa de poner en orden el reino de Judá. Las cosas iban bien. En cuanto habían comenzado a disfrutar de paz, oyeron que un ejército—mucho mayor del que podían derrotar—ya estaba de camino. Josafat podría haber muerto bajo ese espíritu de angustia. El pasaje dice que él "tuvo temor", pero solamente se detuvo un momento ahí. De inmediato, se propuso, él y todo el pueblo de Judá, buscar al Señor mediante el ayuno y la oración. Entonces, tomó su lugar en la asamblea del pueblo y comenzó a alabar, proclamando quién era Dios y todo lo que Dios había hecho por ellos. Concluyó al decir: "Porque en nosotros no hay fuerza contra tan grande multitud que viene contra nosotros; no sabemos qué hacer, y a ti volvemos nuestros ojos" (v. 12). Luego, esperaron.

Cuántas veces nos encontramos a nosotros mismos diciendo eso mismo: "No sé qué hacer. Este problema es mucho mayor de lo que yo puedo manejar". ¡Debemos poner nuestros ojos en Dios! La historia continúa: "Y estaba allí Jahaziel...levita de los hijos de Asaf, sobre el cual vino el Espíritu de Jehová en medio de la reunión" (v. 14). Dios les dijo que la batalla no era de ellos sino de Él. Les dijo exactamente dónde estaría el enemigo, pero dijo: "No habrá para qué peleéis vosotros en este caso; paraos, estad quietos, y ved la salvación de Jehová con vosotros. Oh Judá y Jerusalén, no temáis ni desmayéis; salid mañana contra ellos, porque Jehová estará con vosotros" (v. 17).

No sé a usted, pero el darme cuenta que el Señor va a destruir a mis enemigos, ¡sería razón suficiente para hacerme gritar! Y eso es precisamente lo que hizo el pueblo de Judá. Jóvenes y viejos "se levantaron...para alabar a Jehová el Dios de Israel con fuerte y alta voz". Al día siguiente, se levantaron temprano al lugar donde el Señor les había dicho. Entonces, Josafat volvió a dirigirse al pueblo, y dijo:

> Oídme, Judá y moradores de Jerusalén. Creed en Jehová vuestro Dios, y estaréis seguros; creed a sus profetas, y seréis prosperados. Y habido consejo con el pueblo, puso a algunos que cantasen y alabasen a Jehová, vestidos de ornamentos sagrados, mientras salía la gente armada, y que dijesen: Glorificad a Jehová, porque su misericordia es para siempre.
>
> —2 Crónicas 20:20–21

Ahora bien, observemos lo que sucedió cuando ellos comenzaron a alabar: "Jehová puso contra los hijos de Amón, de Moab y del monte de Seir, las emboscadas de ellos mismos que venían contra Judá, y se mataron los unos a los otros" (v. 22). ¡Hay poder en el ayuno colectivo y poder en la alabanza colectiva! Crea un río de sanidad, un río de liberación y victoria, un río de limpieza en la casa de Dios. Es momento de intercambiar cenizas por belleza, luto por gozo y un manto de angustia por un manto de alabanza.

> La disciplina del ayuno le saca de la rutina del mundo. Es una forma de adoración; ofrecer su cuerpo a Dios como sacrificio vivo es santo y agradable a Dios (Romanos 12:1).

En su decimosexto día de ayuno, recuerde:

◊ Siga con su tiempo de oración y lugar de oración.

◊ Reflexione en su ayuno y en cómo le está ayudando a crecer espiritualmente.

◊ Sus sentidos se vuelven más sensibles a lo que le rodea y a la voz de Dios.

Pensamientos para su diario:

◊ Recuerde mantener el curso. Escriba sus pensamientos sobre cómo puede seguir presentando su cuerpo como sacrificio vivo, y vea si el Señor no abre las ventanas de los cielos sobre usted y le colma de su presencia.

◊ El ayuno es una forma de adoración que le humillará. Recuérdese a usted mismo su dependencia de Dios.

Enfoque de oración del día 16:

MINISTERIO PERSONAL

Dios le ha dado dones para utilizarlos para sus propósitos. Eso me hace pensar en Abraham y en las cinco dinámicas que le llevaron al lugar de ministerio, el lugar de destino que Dios tenía para él. En primer lugar, él sabía "oír" a Dios. En segundo lugar, Abraham creyó en lo que oía. En tercer lugar, llegó al lugar de denunciar la zona de comodidad en la que vivía, a fin de seguir la dirección de Dios. En cuarto lugar, Abraham tuvo la valentía de seguir la dirección de Dios para su vida. Y finalmente, tuvo la tenacidad de enfocarse en la promesa y no en los problemas que se interponían en su camino. Por tanto, en este día del ayuno le aliento a que ore y busque a Dios con respecto al propósito y el plan que Él tiene para su vida, su ministerio para Él.

_____

_____

_____

_____

_____

_____

_____

_____

_____

Entonces Jesús dijo a sus discípulos:
Si alguno quiere venir en pos
de mí, niéguese a sí mismo, y
tome su cruz, y sígame.
—Mateo 16:24

NADA ES IMPOSIBLE PARA DIOS

D ios desea moverse poderosamente en su vida. Sus planes para usted siempre están en progreso y en desarrollo. Él desea hablar con usted como alguien hablaría a un amigo. Así hablaba con Abraham. Debemos llegar al lugar donde estemos desesperados por Dios otra vez. Debemos comenzar a desearle a Él más que el alimento o la bebida. Seamos llenos del pan de la presencia en lugar de la basura de la religión.

El capítulo once del libro de Hebreos a menudo se denomina "el salón de la fe", y comienza con las palabras: "Es, pues, la fe la certeza de lo que se espera, la convicción de lo que no se ve" (Hebreos 11:1). Algunas de las palabras más alentadoras en la Biblia se encuentran en este libro. Se ha dicho que, después del nacimiento de Set a Adán y Eva, la gente comenzó a clamar al nombre del Señor (Génesis 4:26). Enoc nació muchos años después, y su vida fue un paso más delante de solo clamar al nombre del Señor. Miles de años después de su partida de esta tierra, el escritor del libro de Hebreos dijo de él: "Por la fe Enoc fue traspuesto para no ver muerte, y no fue hallado, porque lo traspuso Dios; y antes que fuese traspuesto, tuvo testimonio de haber agradado a Dios" (Hebreos 11:5).

¿Qué había en Enoc que era diferente de sus antecesores? ¿Qué había en su vida que fuese tan agradable a Dios? La respuesta se encuentra en Hebreos:

> Pero sin fe es imposible agradar a Dios; porque es necesario que el que se acerca a Dios crea que le hay, y que es galardonador de los que le buscan.
>
> —Hebreos 11:6

Enoc conocía a Dios. No solo eso, Génesis 5:22 dice que Enoc ¡caminó con Dios durante trescientos años! Ahora bien, si yo tuviera que escoger lo que podría decirse de mí, querría que mi testimonio fuese: "él agradó a Dios". Observemos que Enoc no trató de agradar a la gente. De hecho, Judas registra que Enoc profetizada de una manera que le habría hecho muy poco popular entre la multitud (Judas 14–15). El principal interés de Enoc era caminar en fe, que es lo que agrada a Dios. Según Hebreos 11:6, es razonable decir que Enoc acudió a Dios, creyó en Dios, buscó a Dios con diligencia, y fue recompensado.

Si quiere usted agradar a Dios, créale a Dios; tome su Palabra. Cuando el apóstol Pablo enseñaba a los corintios, una sociedad que buscaba conocimiento, les dijo: "Por fe andamos, no por vista" (2 Corintios 5:7). Sadrac, Mesac y Abed-nego caminaron por fe y no por vista. Los tres se unieron a Daniel en su ayuno inicial de los manjares del rey. Piense en lo que ellos vieron cuando iban de camino hacia aquel horno; había sido calentado siete veces más de lo normal. El calor era tan intenso, que mató a los guardas que estaban en las puertas. Si ellos hubieran caminado por vista, habrían dicho: "Hoy seguramente seremos reducidos a cenizas". En cambio, por fe, caminaron diciendo: "He aquí nuestro Dios a quien servimos puede librarnos del horno de fuego ardiendo; y de tu mano, oh rey, nos librará" (Daniel 3:17). Fe es la evidencia de las cosas invisibles.

> Jesús puso el énfasis en lo grande que es nuestro Dios, y no en lo grande que es nuestra fe. Con solo una cantidad diminuta de fe, como una semilla de mostaza, podemos mover montañas, y nada será imposible.

En su decimoséptimo día de ayuno, recuerde:

◊ Escuche música de adoración para obtener inspiración y apoyo.

◊ Reflexione en su ayuno y en cómo le está ayudando a crecer espiritualmente.

◊ Los calambres son obvios.

Pensamientos para su diario:

◊ Reflexione en las situaciones en la Palabra de Dios que parecían imposibles si no fuese por el poder de Dios.

◊ ¿Qué situaciones en su vida parecen imposibles y necesitan el toque de Dios?

Enfoque de oración del día 17:

MENTORES Y DISCIPULADO

"Yendo ellos, uno le dijo en el camino: Señor, te seguiré adondequiera que vayas" (Lucas 9:57). Una cosa es decir que usted sigue a Jesús; otra cosa es cumplirlo, incluso cuando el camino sea estrecho, empinado y casi imposible. Todos necesitamos padres y madres en la fe que hayan transitado el camino con Jesús y puedan ayudarnos amablemente a veces. Esos mentores son muy valiosos cuando son del Señor. Ore hoy para que Dios traiga relaciones correctas a su vida…padres y madres en la fe que puedan fortalecerle y edificarle.

Él mismo constituyó a unos, apóstoles;
a otros, profetas; a otros, evangelistas;
y a otros, pastores y maestros, a fin
de capacitar al pueblo de Dios para
la obra de servicio, para edificar el
cuerpo de Cristo. De este modo, todos
llegaremos a la unidad de la fe y del
conocimiento del Hijo de Dios, a una
humanidad perfecta que se conforme
a la plena estatura de Cristo.
—Efesios 4:11–13, NVI

DIOS ES SU ROCA

Dios no quiere que usted se preocupe. Él quiere tener el control de su vida y guiarle por los desafíos diarios. A medida que está ayunando y dándole a Dios su cuerpo, dele también su espíritu.

Alguien una vez me envió una semilla de mostaza de Israel. Solamente para poner las cosas en perspectiva, una semilla de frijol es unas cuatrocientas veces mayor que una semilla de mostaza, pero da solamente un pequeño arbusto. Por otro lado, una semilla de mostaza normal solamente tiene un milímetro de diámetro, pero crece hasta llegar a ser un pequeño árbol. Las plantas de mostaza más comunes son perennes, vuelven a crecer año tras año y a desarrollar profundos sistemas de raíces cada estación. Podría usted intentar desarraigar uno de esos pequeños árboles de la tierra, pero lo más probable es que se rompa el tronco, dejando a las raíces en la tierra para regenerar una nueva planta.

¡Ese es el tipo de fe que debemos tener! Jesús puso el énfasis en lo grande que es nuestro Dios, no en lo grande que es nuestra fe. Con solamente una fe diminuta, como una semilla de mostaza, podemos mover montañas y nada será imposible.

Como cristianos, necesitamos dejar de medir nuestra fe por el tamaño del problema. En cambio, necesitamos comenzar a ver lo grande que es nuestro Dios. Necesitamos plantar esa semilla de fe —sin importar lo pequeña que sea— en cualquier montaña que esté en nuestro camino y creer que se moverá, porque Jesús dijo que así sucedería.

Cuando Pedro trató de caminar sobre el agua, dio solamente unos cuantos pasos porque quitó sus ojos de Jesús y tuvo temor a hundirse.

Cuando comenzó a hundirse, Jesús lo levantó del agua y dijo: "Hombre de poca fe" (Mateo 14:31). Pedro tenía poca fe, porque eso fue lo que tomó para caminar sobre el agua.

Si él pudo hacer eso solamente con una fe pequeña, ¡imagine lo que sucederá cuando esa fe aumente!

En el capítulo final del libro de Hebreos, el escritor nos dice: "Acuérdense de sus dirigentes, que les comunicaron la palabra de Dios. Consideren cuál fue el resultado de su estilo de vida, e imiten su fe" (Hebreos 13:7, NVI). Como pregunté anteriormente, si nuestro Señor ayunaba, ¿por qué íbamos a pensar nosotros que no deberíamos ayunar? No hay ningún registro de que Jesús sanara nunca a nadie hasta que regresó de los cuarenta días de ayuno que lanzaron su ministerio terrenal. Jesús dijo que nosotros haríamos cosas aún mayores de las que Él había hecho, porque Él regresaba al Padre. Si Jesús no comenzó a ministrar antes de ayunar, ¿cómo podemos hacerlo nosotros?

> Satanás se siente perturbado y derrotado, cuando usted decide hacer algo más que ser un cristiano de domingo en la mañana. El diablo sabe que el ayuno libera el poder de Dios.

En su decimoctavo día de ayuno, recuerde:

◊ Ore y permanezca en la Palabra de Dios.

◊ Continúe anotando sus experiencias.

◊ Medite en lo que este ayuno significa para usted.

Pensamientos para su diario:

◊ Examine cualquier área de falta de perdón y de amargura que el Señor le esté pidiendo que le rinda a Él.

_____

_____

_____

_____

_____

_____

_____

_____

_____

_____

Enfoque de oración del día 18:

ATAR LA OPRESIÓN Y EL TEMOR

P uede que haya veces en su vida en que sus enemigos o circunstancias parezcan ser tan grandes y tan poderosas que son lo único que puede usted ver. En el Salmo 69, David clama que se estaba hundiendo "en una ciénaga profunda"

(v. 2) y la corriente le arrastraba. Pero su corazón se dirigió hacia adorar a pesar de las circunstancias. Cuando usted adora, no solo magnifica a Dios, sino que también reduce el tamaño y el poder de todo lo demás que le rodea. Dios le oirá cuando usted proponga en su corazón adorarle. Cuando usted magnifica al Señor, encoge el supuesto poder del enemigo, el diablo. Lo mejor que puede hacer en medio de una batalla es magnificar al Señor. "Alabaré yo el nombre de Dios con cántico, lo exaltaré con alabanza" (Salmo 69:30).

¿En qué áreas necesita magnificar al Señor hoy?

Engrandeced a Jehová conmigo,
y exaltemos a una su nombre.
Busqué a Jehová, y él me oyó,
y me libró de todos mis temores.
—Salmo 34:3–4

RECOMPENSADO PÚBLICAMENTE

Sea que se realice colectivamente o individualmente, el ayuno es una disciplina personal y privada. Es un sacrificio que nace de la expectativa. Job atravesó una prueba devastadora y lo perdió todo, sin embargo, siguió orando y ayunando, diciendo: "Guardé las palabras de su boca más que mi comida" (Job 23:12). Y Dios "bendijo... el postrer estado de Job más que el primero", y hasta le dio más hijos e hijas. Las recompensas públicas de Dios inundaron la vida de Job.

Quiero compartir con usted algunas de las recompensas públicas que Dios me dijo que derramaría sobre nosotros en Free Chapel cuando lo buscáramos con diligencia en dar, orar y ayunar. ¡Esas mismas recompensas están abiertas a todo creyente!

En primer lugar, Él me dijo que el ayuno romperá la pobreza de su vida. Cuando yo planto una semilla cada vez que ayuno, grandes bendiciones llegan a mi vida. Veamos una vez más Joel 2:15–16: el pueblo era muy pobre y tenía tal hambruna que no podía ni siquiera hacer ofrenda. Pero Dios dijo: "Tocad trompeta en Sion, proclamad ayuno, convocad asamblea". Después de aquel ayuno, la era estaba llena de trigo, los cántaros de aceite rebosaban, y ellos comieron en abundancia y fueron satisfechos. El Señor trajo una gran bendición económica a personas que ayunaron y oraron. Cuando el ayuno es un estilo de vida, la pobreza no lo será.

Dios también dijo que la salud y la sanidad seguirían al ayuno. De su ayuno escogido, Dios dijo: "Entonces nacerá tu luz como el alba, y tu salvación se dejará ver pronto" (Isaías 58:8). El ayuno le humilla y trae claridad, y permite que usted saque de su corazón la falta de perdón y la amargura. Algunas personas han tratado una y otra vez de perdonar verdaderamente a alguien, pero nunca han sido capaces de soltar el problema. Comience un ayuno, y confíe en que Dios obrará eso en su corazón. Anteriormente, en el libro, le hablé de cómo el ayuno le ayuda físicamente, porque limpia su cuerpo y le da a sus órganos tiempo para descansar. También le ayuda a hacer "limpieza general" en el sentido espiritual, porque le hace sensible a los deseos del Señor. La falta de perdón, la amargura y otras cosas similares pueden vincularse a enfermedades y fatiga y estrés, entre otras.

El ayuno también vencerá adicciones sexuales y potestades demoniacas. Quitará de las personas grandes pecados. En Mateo 17:21, Jesús dijo de aquel demonio testarudo que "este género no sale sino con oración y ayuno", ¿lo recuerda? Ahora bien, nosotros no tenemos lucha contra carne y sangre; pero hay un espíritu detrás de la homosexualidad. Hay un espíritu detrás de la pornografía. Hay un espíritu detrás del adulterio. Hay un espíritu detrás de la fornicación. Esos espíritus demoníacos de perversión manipulan y utilizan a las personas como marionetas con cuerdas. Pero el ayuno romperá la fortaleza demoníaca de las adicciones sexuales, como la pornografía, la homosexualidad, el adulterio, la fornicación y la lujuria.

Dios también se dirigirá a los hijos de usted, que son desviados y destruidos por las artimañas del enemigo. En el libro de Joel, Dios llamó a un ayuno santo; y Él dijo: "Y después de esto derramaré mi Espíritu sobre toda carne, y profetizarán vuestros hijos y vuestras hijas" (Joel 2:28). Muchas veces, las recompensas del ayuno vienen después del ayuno, aunque, de vez en cuando, las respuestas pueden llegar durante el ayuno. Lea la historia del hijo de Ezequías, Manasés, que llegó a ser rey de Judá (2 Crónicas 33:1–13). Manasés fue un rey malvado a quien Dios había advertido muchas veces, pero sin éxito alguno. Entonces, el ejército de Asiria capturó al hijo de Ezequías, puso una argolla en su nariz, lo ató con cadenas y lo llevó a Babilonia. En su desesperación, Manasés clamó a Dios y se humilló a sí mismo con ayuno. La Biblia dice que Dios oyó su ruego y "lo restauró a Jerusalén, a su reino. Entonces reconoció Manasés que Jehová era Dios" (v. 13).

> Los escándalos y la corrupción que aparecen en los titulares de los periódicos y la gran perversión que está generalizada en todos los niveles de la sociedad nos dicen lo mucho que necesitamos avivamiento en este país. ¿Cuánto más deberíamos nosotros, como cristianos, dedicarnos al ayuno y la oración?

En su decimonoveno día de ayuno, recuerde:

◊ Continúe bebiendo agua.

◊ Ore por dirección y fortaleza.

◊ Documente sus pensamientos en un diario.

Pensamientos para su diario:

◊ Piense en lo que estaría dispuesto a compartir con otros hoy. ¿Cómo expresará su experiencia, y qué ha significado para usted en términos de su relación con Dios?

Enfoque de oración del día 19:

AVIVAMIENTO

Avivamiento es cuando la tierra es atacada por el cielo. Avivamiento es un mover sorprendente de Dios que le afecta a usted de maneras poderosas. Avivamiento es cuando se acerca usted más al cielo que a ninguna otra cosa en la tierra. Necesitamos avivamiento en este país. Necesitamos que el cielo ataque la tierra con poder. Por tanto, a medida que se acerca al final de su ayuno, ore por avivamiento. Pida a Dios que envíe la lluvia de su Espíritu sobre la tierra para romper los corazones endurecidos y producir una cosecha de almas. Clame por ello como un hombre desesperado clama por agua en el desierto. Nuestros jóvenes necesitan avivamiento. Nosotros necesitamos avivamiento. La Iglesia necesita avivamiento. En el pasado, los grandes avivamientos siempre estuvieron precedidos por periodos de ayuno y oración. No se canse, ¡sino permanezca fuerte en el poder de la fuerza de Él!

Señor, he sabido de tu fama; tus obras,
Señor, me dejan pasmado. Realízalas
de nuevo en nuestros días, dalas a
conocer en nuestro tiempo; en tu
ira, ten presente tu misericordia.

—Habacuc 3:2, NVI

LA VOLUNTAD DE ÉL, NO LA DE USTED

A estas alturas, su ayuno le ha llevado por diferentes emociones y niveles de la presencia de Dios. Está comenzando a ver la recompensa de haber humillado su carne y que solo puede tener lugar durante un ayuno. Está muriendo a sus propios deseos y su voluntad, y sintiendo los deseos del corazón de Él que le llenan y le impulsan hacia grandes cosas. ¡Continúe en este viaje!

Las prioridades de Dios rara vez son nuestras prioridades. Esa es la diferencia entre la naturaleza del hombre y la naturaleza de Dios. Él hasta así lo dijo: "Mis caminos y mis pensamientos son más altos que los de ustedes; ¡más altos que los cielos sobre la tierra!" (Isaías 55:9, NVI). Por tanto, ¿cómo nos situamos nosotros mismos para oír de Dios? ¿Cómo nos liberamos de nuestros propios deseos a fin de conocer su voluntad? Bien, puedo decirle por experiencia de primera mano que el ayuno hace que tome esa espada de la Palabra de Dios y separe lo que usted "quiere" de lo que usted "necesita".

Cuando usted ayuna y se santifica para Dios, ¡le quita de la orilla y le lleva a los milagros! Hay demasiadas personas en el borde de lo que Dios está haciendo, pero no las suficientes que estén firmemente en el centro de su voluntad. ¿Quiere usted que las cosas cambien en su hogar? Usted es el sacerdote de su casa: ayune, santifíquese, y adopte una postura firme en el centro de la voluntad de Dios. Cuando su familia le vea saliendo del borde de la mera "religión de domingo" y entrando en el centro de lo que Dios está haciendo, ellos seguirán y encontrarán la dirección de Dios para sus vidas.

Usted debería estar unido a un cuerpo local de creyentes en lugar de solamente tratar de encontrar su propio camino. Si hubo alguna vez un tiempo en que necesitábamos cruzar juntos, adoptar una postura firme y unida contra el pecado en este país, es ahora. Nos necesitamos los unos a los otros. Necesitamos un espíritu de estar unidos. Necesitamos un espíritu de confianza. Necesitamos un espíritu de unidad. Necesitamos un espíritu de compasión los unos por los otros. Deseamos estar en la voluntad de Dios y andar de acuerdo a sus planes. La santificación es la clave de estar en la voluntad de Dios. Como dijo Pablo: "pues la voluntad de Dios es vuestra santificación" (1 Tesalonicenses 4:3). El ayuno es un medio esencial de santificarse, al apartarse del mundo y acercarse a Dios. El ayuno le permite filtrar su vida y apartarse a usted mismo para buscar al Señor.

> El ayuno es lo que le prepara para una nueva unción (Marcos 2:20). Dios no puede poner ese tipo de vino en odres viejos. Si usted quiere vino nuevo, nuevos milagros, nueva cercanía, nueva intimidad con Él, entonces es momento de proclamar un ayuno y sustituir ese odre viejo por el nuevo.

En su vigésimo día de ayuno, recuerde:

◊ Ore y permanezca en la Palabra de Dios.

◊ Adore a Dios mediante música y alabanza.

◊ Los calambres son obvios, ¡pero ha llegado usted hasta aquí!

Pensamientos para su diario:

◊ Tome un rato hoy y vuelva a leer las anotaciones en su diario desde el comienzo del ayuno hasta este vigésimo día.

◊ ¿Qué le dicen las anotaciones de su diario sobre su propio viaje personal durante estas tres últimas semanas?

◊ Tome un momento y escriba los avances que ha experimentado o las cosas claves que el Señor le ha mostrado durante el ayuno. Pase tiempo en oración y acción de gracias.

Enfoque de oración del día 20:

OBREROS AL CAMPO DE COSECHA

D ios dijo: "Pídeme, y te daré por herencia las naciones, y como posesión tuya los confines de la tierra!" (Salmo 2:8). Jesús nos dijo: "Pídanle, por tanto, al Señor de la cosecha que envíe obreros a su campo" (Mateo 9:38, NVI). En este vigésimo día de su ayuno, enfoque sus oraciones en estas dos instrucciones clave del cielo. Clame a Dios para que salve multitudes en el valle de la decisión. Clame por los perdidos y quienes sufren, los pobres y los adictos. Pídale que envíe misioneros, embajadores de su Palabra, a la tierra.

El pueblo asentado en tinieblas vio
gran luz; y a los asentados en región de
sombra de muerte, Luz les resplandeció.
—Mateo 4:16

SU ÚLTIMO DÍA

Jesús les dijo a sus seguidores: "Cualquiera, pues, que me oye estas palabras, y las hace, le compararé a un hombre prudente, que edificó su casa sobre la roca" (Mateo 7:24). Hoy es el último día de su ayuno. Ha oído usted su Palabra, y ha obedecido. ¡Es como ese hombre sabio con su casa sobre la roca! No abandone hoy. Prosiga y oiga lo que el Espíritu del Señor le diga.

Hace más de veinte años, cuando el Señor me llamó por primera vez a predicar, Él me mostró algunas cosas que eran para un tiempo y una época futura. Yo no podía entrar a todas sus promesas de una vez, pero supe que Él me guiaría en su voluntad a medida que yo estuviera dispuesto a santificarme y seguirle a Él. Recientemente, el Señor ha avivado mi espíritu con un sentimiento de que ahora es el tiempo. Es como si Él estuviera diciendo: "Has orado por ello. Has soñado con ello. Me lo has pedido. Lo has anhelado. Te ha sido profetizado. Prepárate".

Regresé a Carolina del Norte, donde nací y me crié. Mi abuelo aún tiene una propiedad en Middlesex, Carolina del Norte. Es una hermosa casa, parecida a una mansión, situada sobre acres de exuberantes tierras de labranza con caballos, ganado y hasta su propia pista de aterrizaje para su aeroplano. Veintiocho niños se criaron en esa casa a lo largo de los años, y todos ellos sirven al Señor.

Durante aquella visita especial de regreso a mis raíces y mi herencia, pasé tiempo cada día caminando por esa pista de aterrizaje y por los campos en oración y comunión con Dios. Sentí la guía del Espíritu Santo para que visitase el lugar donde Él me llamó por primera vez a predicar. Yo no había regresado desde hacía veintidós años. Fui hasta ese maravilloso y viejo santuario de la Iglesia de Dios y me senté en el punto mismo donde recibí mi llamado. Puedo recordarlo como si fuera ayer. Yo estaba haciendo un ayuno de tres días, y clamando a Dios: "Oh Dios, ¿puedes usarme? ¿Por qué me estás llamando a predicar? No puedo hacerlo. No sé cómo predicar. Tengo temor; no soy digno. No soy lo bastante bueno". Le estaba dando todas las excusas y todo el temor. No comprendía que durante aquel ayuno de tres días yo estaba cortando la carne con un cuchillo afilado.

Finalmente, el tercer día, oí su voz en mi espíritu decir: "Te he llamado a predicar. Ve y haz lo que te he llamado a hacer". Yo dije: "Señor, si esta es verdaderamente tu voluntad, entonces que mi mamá lo confirme cuando yo llegue a casa, aunque sea más de medianoche. Que ella esté levantada y lo confirme". Yo era joven, ¡y nunca hace daño pedir claridad! Salí de aquel diminuto santuario llorando, me metí en mi auto, y conduje de regreso a casa. Cuando entré en el cuarto de mamá, ella estaba de rodillas orando. En cuanto la vi, ella se giró, me señaló con el dedo y comenzó a hablar con labios temblorosos. "Jentezen, Dios te ha llamado a predicar. Ve y haz lo que Él te ha llamado a hacer".

¿Y si usted se propusiera buscar al Señor diligentemente, santificarse con un ayuno y un viaje de regreso al punto mismo donde todo comenzó; donde Él le salvó, le liberó, le llenó de su Espíritu y le llamó? Yo viajé físicamente a ese punto, pero si usted no puede hacer eso, puede regresar mentalmente. Puede recordar la antigua marca, la misma sencillez, inocencia y dedicación con la cual respondió usted por primera vez a su voz.

Al igual que Josué llamó a los hijos de la promesa a santificarse, yo creo que, de igual manera, su "mañana" está justamente a la vuelta de la esquina. Dios va a hacer maravillas en su vida, llevándolo a lugares donde nunca antes haya estado.

El ayuno le llevará al destino. El ayuno le llevará a estar en línea con el plan de Dios para su vida. Ahora es el tiempo de ayunar, de buscar a Dios diligentemente, de santificarse, de discernir las prioridades de Dios y de caminar en sus promesas. *¡Vaya tras ello!*

En su vigesimoprimer día de ayuno, recuerde:

◊ Busque a alguien y comparta su experiencia con esa persona.

◊ Vuelva a abastecerse con líquidos, y prepárese para regresar a la comida sólida el vigesimosegundo día.

◊ Sea agradecido y regocíjese.

◊ Escriba sus sentimientos en un diario de oración.

◊ La anticipación aumenta con respecto a lo que el Señor está haciendo en su vida.

¡Gloria a Dios!

◊ En este último día, pida al Señor que le revele si hay falta de perdón, amargura u obstáculos que aún tenga que poner usted delante de su Señor.

◊ Prepárese para una bendición, una cosecha y una unción como nunca antes haya experimentado.

◊ Prepárese, ¡porque el resto de este año no será como ningún otro año anterior!

Enfoque de oración del día 21:

ESPÍRITU DE ORACIÓN PARA QUE CAIGA EL ESPÍRITU SANTO

¿Por qué es este el enfoque de oración el último día de su ayuno? Porque a estas alturas usted es tan sensible al Espíritu Santo que se da cuenta de que ninguna otra cosa dará satisfacción. Ninguna otra cosa servirá en un mundo que se ha vuelto loco. Este mundo necesita el toque de Dios. Necesita el movimiento del Espíritu Santo que dé convicción de pecado a los hombres y los lleve a la cruz. Pero usted tiene que tener hambre de eso; tiene que tener sed de eso. Hay una diferencia entre querer beber y tener sed. Cuando usted tiene sed, todo lo que hay en su cuerpo dice: "Tengo que tenerlo". Y cuando usted tenga sed, Él derramara su Espíritu. Por tanto, enfoque sus oraciones hoy para que en un espíritu de oración sea liberado en iglesias y en hogares por toda esta tierra, ¡una oración para que Dios derrame su Espíritu Santo y nos avive otra vez!

Justificados, pues, por la fe, tenemos
paz para con Dios por medio
de nuestro Señor Jesucristo; por
quien también tenemos entrada
por la fe a esta gracia en la cual
estamos firmes, y nos gloriamos en
la esperanza de la gloria de Dios.
Y no sólo esto, sino que también
nos gloriamos en las tribulaciones,
sabiendo que la tribulación
produce paciencia; y la paciencia,
prueba; y la prueba, esperanza.
—Romanos 5:1–4

CONCLUSIÓN

¡Felicidades! Ha soportado y ha terminado la carrera, y nunca volverá a ser el mismo.

Ahora, al terminar su ayuno...

Tenga cuidado y regrese a los alimentos sólidos a lo largo de los próximos días. Debe dar tiempo a su cuerpo para recuperarse y acostumbrarse otra vez a digerir alimentos. Aunque los calambres puede que sean más fuertes los primeros días después del ayuno, siga el ritmo y continúe bebiendo muchos líquidos.

RECORDAR LA FE

En el capítulo final del libro de Hebreos, el escritor nos dice: "Acuérdense de sus dirigentes, que les comunicaron la palabra de Dios. Consideren cuál fue el resultado de su estilo de vida, e imiten su fe" (Hebreos 13:7, NVI). Como pregunté anteriormente, si nuestro Señor ayunaba, ¿por qué íbamos a pensar nosotros que no deberíamos ayunar? No hay ningún registro de que Jesús sanara nunca a nadie hasta que regresó de los cuarenta días de ayuno que lanzaron su ministerio terrenal. Jesús dijo que nosotros haríamos cosas aún mayores de las que Él había hecho, porque Él regresaba al Padre. Si Jesús no comenzó a ministrar antes de ayunar, ¿cómo podemos hacerlo nosotros?

A lo largo de la historia de la iglesia cristiana, Dios ha levantado hombres y mujeres que estuvieron dispuestos a dedicar su vida a Él y a buscarlo con diligencia mediante el ayuno y la oración. Esas épocas de ayuno tienen el mérito de lanzar tales avivamientos como el que vio Evan Roberts en Laos, quien ayunó y oró durante trece meses por ese país. Los evangelistas sanadores como John Alexander Dowie, John G. Lake, Maria Woodworth-Etter, Smith Wigglesworth y Kathryn Kuhlman entendieron todos ellos el tremendo poder de la fe en operación a lo largo de sus ministerios.

Puede que haya veces en que esté usted ayunando y orando, y permaneciendo en fe y, sin embargo, sigue sin sentir que nada esté sucediendo. No hay "brote" que se muestre en la tierra. Recuerde la fe de quienes le antecedieron. David dijo: "Pero yo, cuando ellos enfermaron, me vestí de cilicio; afligí con ayuno mi alma, y mi oración se volvía a mi seno. Como por mi compañero, como por mi hermano andaba; como el que trae luto por madre, enlutado me humillaba" (Salmo 35:13–14).

No permita que el enemigo lo hunda con desánimo. Recuerde: Dios le da el manto de alabanza en lugar del espíritu de angustia. A veces, no tendrá ganas de alabar cuando está ayunando, pero ore de todos modos. Se sorprenderá de cómo Dios se mostrará, y será como si el cielo entero hubiera descendido y la gloria hubiera llenado su alma.

En este mismo Salmo, David aún no había recibido una respuesta a su oración. Sin embargo, él fue capaz de esperar en fe, proclamando las alabanzas de Dios: "Canten y alégrense los que están a favor de mi justa causa, y digan siempre: Sea exaltado Jehová, que ama la paz de su siervo. Y mi lengua hablará de tu justicia y de tu alabanza todo el día" (vv. 27–28). El Señor recompensará su diligencia; su deleite está en la prosperidad —la sanidad— de sus hijos.

Recuerde la fe de Abraham: "la fe la certeza de lo que se espera, la convicción de lo que no se ve" (Hebreos 11:1). Fue esa fe la que le fue contada por justicia: porque él le creyó a Dios. Aunque el cuerpo de Abraham estaba muerto, en cuanto a engendrar se refiere, él deseaba tener un hijo propio. Dios lo deseaba aun más, y le dio la promesa no solo de un hijo, sino también de una descendencia más numerosas que las estrellas del cielo (Génesis

15:4–6). Cuando usted le cree a Dios, está ejercitando fe, lo cual le agrada a Él.

DOCE PASOS HACIA LA VICTORIA

Se librarán batallas mucho tiempo después de que haya terminado su ayuno. Algunas cosas que usted obtuvo durante el ayuno requerirán más diligencia para ver victoria. Para ayudarle a "mantenerse en curso" en los días después de su ayuno, y durante todo el año, recuerde estos doce pasos y aplíquelos a su vida para ver la victoria del Señor producirse en sus circunstancias.

1. Apóyese en Dios y no tanto en usted. Quite la presión de usted mismo por hacer que sucedan cosas, porque esa es tarea de Dios (Mateo 11:28; Juan 5:40; 6:29).

2. Siga adelante. No se conforme con la victoria parcial (2 Timoteo 4:7–8).

3. Dios dice: "Cuando se acerque a una puerta que sea muy grande, no tema porque yo la abriré". Cuando Dios abre la puerta, ningún hombre puede cerrarla (Apocalipsis 3:7–8).

4. No se mueva en la oscuridad. Si no conoce la voluntad de Dios, no se mueva (Salmo 46:10; Éxodo 14:13; Rut 3:18).

5. Sea fuerte y valiente. Si le falta valentía, ore (Filipenses 4:6–7).

6. No haga nada hasta que antes le pregunte al Señor. Él le dará una palabra clara (Efesios 2:10).

7. No pregunte cuánto cuesta; pregunte a Dios si Él quiere hacerlo. Si es así, Él se ocupará del costo (2 Corintios 9:8; 3 Juan 2).

8. Sea paciente. ¡A Dios le encanta la salvación en el último minuto! "El que creyere, no se apresure" (Isaías 28:16).

9. No se limite a los métodos sensatos. Si el Señor le dice que haga algo, ¡hágalo (Proverbios 3:5–6; Isaías 25:3–4)!

10. Practique el factor Juan el Bautista: "Es necesario que él crezca, pero que yo mengüe" (Juan 3:30; Filipenses 1:21).

11. ¡Atento! No ha visto nada aún cuando mezcla fe con la Palabra de Dios (Habacuc 2:4; Romanos 10:17).

12. Ore hasta que algo suceda, *o* alabe hasta que algo suceda (Salmo 149; 2 Crónicas 20:21–22; Hebreos 13:15).

NOTAS

Capítulo 2: Destronar al rey Estómago

1. Matthew Henry's Commentary, "Numbers 11," www. htmlbible.com (consultado en línea el 24 de agosto de 2007).

Capítulo 3 ¿Cuánto? ¿Cuánto tiempo? ¿Cuán saludable?

1. Bob Rodgers, *101 Reasons to Fast* (Bob Rodgers Ministries).
2. Colbert, *Libérese de las toxinas*. Publicado por Casa Creación.
3. Rodgers, *101 Reasons to Fast*, 53.
4. *Ibíd.*, 50–51.
5. *Ibíd.*, 50.
6. *Ibíd.*, 51.

Capítulo 5: Espantar moscas

1. Richard Gazowsky, *Prophetic Whisper* (Christian WYSIWYG Filmworks, 1998).
2. *Ibíd.*
3. *Ibíd.*
4. Colbert, *Libérese de las toxinas*. Publicado por Casa Creación.

Capítulo 7: Serán saciados

1. Colbert, *Libérese de las toxinas*. Publicado por Casa Creación.
2. *Ibíd.*, 39.

ACERCA DEL AUTOR

Jentezen Franklin es el pastor de la iglesia Free Chapel en Gainesville, Georgia, una congregación que tiene una asistencia de 10,000 personas cada semana. Nombrada entre una de las principales cuarenta iglesias en Estados Unidos por la revista *Outreach*, Free Chapel también cuenta con una iglesia en Orange County, California, donde el pastor Franklin predica semanalmente.

Mediante su experiencia como pastor, maestro, músico y escritor, el pastor Franklin busca ayudar a las personas a tener un encuentro con Dios por medio de la adoración inspirada y la aplicación relevante de la Palabra de Dios a sus vidas cotidianas. Su programa televisado en todo el país, *Kingdom Connection*, es visto semanalmente en las horas de mayor audiencia en varias redes nacionales e internacionales.

El pastor Franklin es un popular orador en numerosas conferencias por todo el país y por todo el mundo. También ha escrito varios libros, entre los que se incluyen el éxito de venta del *New York Times*, *El ayuno*, publicado originalmente en el 2008. Además, es el autor de: *El ayuno de vanguardia*, *Crea que usted puede* y *Los cazadores del miedo*.

El pastor Franklin y su esposa, Cherise, residen en Gainesville, Georgia, con sus cinco maravillosos hijos.

Para mayor información, póngase en contacto:

Jentezen Franklin Ministries
P. O. Box 315
Gainesville, GA 30503
www.jentezenfranklin.org
www.freechapel.org

JENTEZEN FRANKLIN

Te invitamos a que visites nuestra página
web, donde podrás apreciar la pasión por
la publicación de libros y Biblias:

www.casacreacion.com

f @CASACREACION

t @CASACREACION

○ @CASACREACION

Para vivir la Palabra